改訂新版

身内が亡くなったあとの『手続』と『相続』

監修
司法書士 岡 信太郎／税理士 本村健一郎／社会保険労務士 岡本圭史

三笠書房

はじめに――もしものとき…知っておけば〝大安心〟の最新の情報&最新の方法

身内を亡くしたあとは、ただでさえ悲しみと不安で呆然としているものです。それなのに、葬儀や法要だけでなく、保険や年金のこと、相続手続のこと、預貯金の解約や名義変更、おまけに相続税……何から手を付けていいのか、いつまでに何をすればいいのか、頭を抱えてしまう方も少なくありません。

「読者に寄り添い、悲しみの中にあってもいちばん知りたい情報をお届けしたい」との思いから生まれたのが本書の始まりです。

ありがたいことに多くの方から役に立った、わかりやすかったとの声をいただき、今回、最新の情報&最新の方法を網羅した改訂新版を発行するに至りました。

昨今、相続を取り巻く状況は大きく変わっています。特に2018年には相続を規定した民法の歴史的な改正がなされました。今の日本社会の実情に対応できるよう、約40年ぶりの法改正が行われたのです。また、2023年度の税制改正大綱により、生前贈与のルールも大きく変わっています。

というのも、日本人の平均寿命は延び続けており、人生100年時代を迎えようとしています。同時に、核家族化がこれまで以上に進み、晩婚化・未婚化や離死別による単身世帯が増え、日本の家族の在り方は様変わりしました。

昨今の改正は、このような家族構成の変遷にともない、遺された配偶者の保護や介護などを献身的に行った相続人以外の親族に対する配慮などが、色濃く反映されています。

身内が亡くなり相続が起きたら、まずは全体のおおまかな流れを把握した上で各手続のポイントを押さえておくことが何より重要です。

本書では、各手続のスケジュールから必要書類にいたるまで一覧にしてまとめています。そしてさらに、司法書士、税理士、社会保険労務士が普段受けている相談内容を踏まえながら、よりわかりやすく実務上のポイントを解説しています。

大事な方を亡くした悲しみの中にあっても、やるべきことはたくさんあります。

そんなときにあわてずに手続を終え、故人をしのぶ時間をより多くとっていただきたい、それが私たちの願いでもあります。

本書が引き続き、読者に寄り添い、皆さまの不安を解消する道しるべとなることを願ってやみません。

司法書士　岡　信太郎
税理士　本村　健一郎
社会保険労務士　岡本　圭史

目次

2章 急ぎの案件が終わったら行うこと

3章 年金関係の手続をすませる

4章　遺産相続についての基礎知識

5章 相続税を計算し、申告する

6章 財産の相続・名義変更手続をすませる

7章 遺族が困らないために生前にしておくこと

本書は2023年4月現在の法律・制度などの情報に基づいています。
構成/株式会社カデナクリエイト(杉山直隆)、株式会社回遊舎(酒井富士子)
デザイン/横井登紀子、金谷理恵子　イラスト/瀬川尚志、iStock
編集協力/株式会社回遊舎(酒井富士子、大村美穂)、鈴木弥生

序章

亡くなったあとは あわてずに確認を

身内が亡くなったときの手続・届け出スケジュール

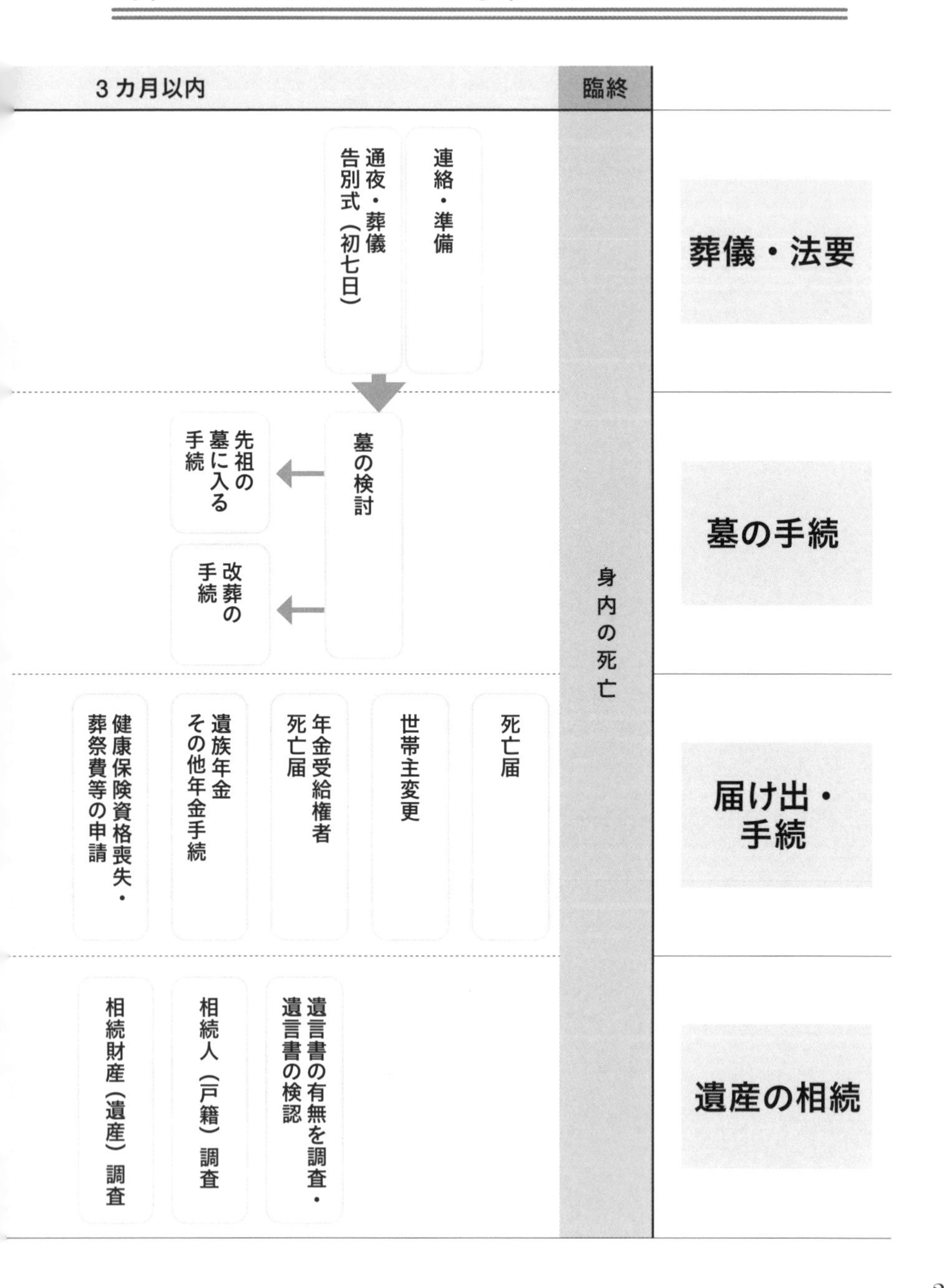

身内が亡くなったあと、何をいつまでにすませればいいのか。
把握している人は少ないことでしょう。そこで、大まかなタイムスケジュールをまとめました。次ページからの「主な手続リスト」も参考に、やるべきことの全体像をつかみ、期限のあることからすませるようにしましょう。

1年以内	10ヵ月以内	4ヵ月以内	
一周忌			四十九日忌法要 遺品の片づけ・形見分け
			納骨（墓がある場合は49日、ない場合は一周忌が目安）
高額療養費の還付請求（2年以内。ただし、相続税の申告が必要なら10ヵ月以内に）	預貯金などの払戻し、解約 不動産の名義変更※2	所得税準確定申告	介護保険資格喪失の届け出 公共料金等の名義変更
	遺産分割協議※1 相続税申告		相続放棄・限定承認

※1 原則として相続開始から10年経過すると、特別受益や寄与分の主張ができず法定相続分により分けることになります　※2 2024年4月1日～、相続開始から3年以内の申請が義務化されます
注：編集部がスムーズな流れを考慮して作成

身内が亡くなったあとの主な手続リスト

身内が亡くなったあとに必要な、主な手続をリストアップしました。
たくさんあるように見えますが、人によっては該当しないものも多々あります。
どれが該当するかチェックして、
全体像をつかんでください。

※リストの項目は主要な手続のみです。
その他の手続もありますので、ご注意ください。

7〜14日以内に行う諸手続

チェック	掲載頁	手続の種類	手続窓口
□	P34〜35	死亡届の提出と死体埋火葬許可交付申請書【7日以内】	本籍地か死亡地、届出人の住所地の市区町村役場
□	P36	銀行への連絡→口座の凍結	故人が口座をもっていた銀行
□	P40〜41	世帯主変更届【14日以内】※1	住所地の市区町村役場
□	P42〜43	健康保険証・後期高齢受給者証・介護保険被保険者証の返却・変更【5日または14日以内】	住所地の市区町村役場または事業主など
□	P44〜45	葬祭費支給の申請※2	住所地の市区町村役場
□	P44〜45	埋葬料（費）支給の申請※3	勤務先の管轄年金事務所または健康保険組合

※1　新世帯主が明らかなら不要　※2　国民健康保険や後期高齢者医療の被保険者が死亡したとき　※3　健康保険の被保険者や被扶養者が死亡したとき

落ち着いたら行う諸手続

チェック	掲載頁	手続の種類	手続窓口
□	P48〜49	電気、ガス、水道の契約名義変更、支払方法の変更	最寄りの各営業所
□	P49	固定電話の契約名義変更、支払方法の変更	NTT
□	P50	携帯電話の解約	携帯電話会社
□	P50	インターネットの契約名義変更、支払方法の変更	インターネット・プロバイダー
□	P50	ＮＨＫ受信料の契約名義変更、支払方法の変更	ＮＨＫ
□	P50	クレジットカードの退会届	クレジットカード会社
□	P51	購読新聞・雑誌の契約名義変更、支払方法の変更	最寄りの営業所、カスタマーセンター
□	P51	衛星放送の契約名義変更、支払方法の変更	WOWOWなど加入している会社
□	P52〜53	パスポートの返却 ※4	パスポートセンター
□	P52〜53	運転免許証の返却 ※4	最寄りの警察署
□	P52〜53	印鑑証明カード・住民基本台帳カードの返却	住所地の市区町村役場
□	P200〜201	生命保険金（死亡保険金）の請求	生命保険会社
□	P206	住宅ローンの団体信用生命保険の申請 ※5	返済中の金融機関
□	P206〜207	不動産の抵当権の抹消手続 ※6	不動産の所在地の法務局

※4　失効しているなら返却不要　※5　故人が住宅ローンを払っていた場合のみ
※6　団体信用生命保険によって、自宅の住宅ローンを完済したとき

社会保険に関する手続

チェック	掲載頁	手続の種類	手続窓口
□	P42～43	国民健康保険の加入（故人の被扶養者だった人）	住所地の市区町村役場
□	P42	国民年金の加入（故人の被扶養者だった配偶者）※7	住所地の市区町村役場
□	P54～55	高額療養費・高額介護合算療養費の請求	市区町村役場または健康保険協会など
□	P82～83	年金受給を止める（年金受給権者死亡届）	最寄りの年金事務所か、街の年金相談センター
□	P82～83	未支給年金の請求	最寄りの年金事務所か、街の年金相談センター
□	P83	加算額・加給年金額対象者不該当届を提出【10日（基礎年金は14日）以内】※8	最寄りの年金事務所か、街の年金相談センター
□	P84～87	遺族基礎年金・遺族厚生年金の請求	住所地の年金事務所など※9
□	P90～91	遺族補償年金（労災）の請求	故人の勤務先
□	P94～95	寡婦年金の請求（国民年金）※10	住所地の市区町村役場か、年金事務所か、街の年金相談センター
□	P94～95	死亡一時金の請求（国民年金）※10	住所地の市区町村役場か、年金事務所か、街の年金相談センター
□	P98～99	児童扶養手当の申請（主にひとり親世帯）	住所地の市区町村役場

※7　60歳未満　※8　老齢厚生年金等の加算額・加給年金額の対象者が死亡したとき
※9　ケースにより異なるため事前に確認が必要　※10　遺族基礎年金を得られなかった人で、ほかの受給要件を満たしているとき

遺産相続・その他の手続

チェック	掲載頁	手続の種類	手続窓口
□	P49	電話加入権の名義変更	ＮＴＴ
□	P58〜59	所得税の準確定申告【4カ月以内】	被相続人（故人）の納税地の税務署
□	P108〜109	遺言書の検認（自筆証書遺言の場合）	遺言者の最後の住所地の家庭裁判所
□	P124〜127	相続放棄をする（もしくは限定承認）【3カ月以内】	故人の住所地の家庭裁判所
□	P128〜129	成年後見人 不在者財産管理人	成年被後見人または不在者の住所地の家庭裁判所
□	P142〜143	遺産分割調停の申立（遺産分割協議が決裂した場合）	相続人（相手方）のうち誰かひとりの住所地の家庭裁判所
□	P180〜181	相続税の申告【10カ月以内】	故人の住所地の税務署
□	P192〜195	銀行などから残高証明書を取得	故人が口座をもっていた金融機関
□	P192〜195	預金の解約	故人が口座をもっていた金融機関
□	P196〜197	金融商品の解約・払い戻し	故人が口座をもっていた金融機関
□	P202〜205	不動産の名義変更（所有権移転登記）	不動産の所在地の法務局
□	P208〜209	自動車・オートバイの名義変更	ナンバープレートが交付された陸運局

素朴な質問集

身内が亡くなった…こんなときどうする⁉

身内が亡くなるとわからないことが次々と出てくるもの。素朴な疑問をピックアップしました。

遠方で暮らしていた母が亡くなり、手続が大変。会社はどのくらい休んでいい？

1週間程度は休むのが一般的

血縁関係によって認められている忌引期間は異なります。まずは、勤務先の就業規則等を確認しましょう。父母の場合は1週間程度を目安に休むのが一般的です。

	続柄	期間
血族	配偶者	10日間
	父母	7日間
	子ども	5日間
	祖父母	3日間
	兄弟・姉妹	3日間
	孫	1日間
	おじ・おば	1日間
姻族	配偶者の父母	3日間
	配偶者の祖父母	1日間
	配偶者の兄弟	1日間

※編集部調べ

税金や医療費などの精算が必要だと知りました。不足分を支払えばよいのでしょうか？

不足分を支払うだけでなく払いすぎたお金が戻ってくることもあります

故人の見送り後に行う手続のうち、公的な入出金に関する精算や請求を行うことで、過払い分（保険料や税金、医療費・介護費など）のお金が戻ることがあります。しかしそれらのお金は、「相続財産」となるものもあります。たとえば高額療養費や所得税・住民税の還付金などが該当します。

クレジットカード会社から引き落としができないと連絡がきました

相続人が一括で立替えをします

身内の死亡を銀行へ連絡すると預金口座が凍結され、クレジットカードの利用代金などの引き落としができなくなります。残債がある場合は、クレジットカード会社への連絡も必要です。クレジットカードの残債は、マイナスの財産として相続人に支払い義務が発生します。多くのカード会社は解約にあたり、残額を一括返済としているため、金額が多い場合は相続方法を検討したほうが良いでしょう。

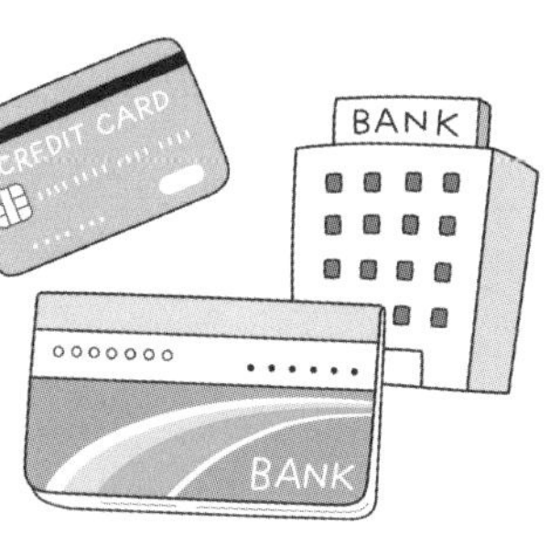

遺品の中で捨ててはいけないものはありますか？

形見分けとして取っておくものを決めます

通帳や株券、その他相続に関する書類などは必ず保管を。さらに市場価格などがある程度高価なものは相続税の対象となる場合があるので保存しておくこと。形見分けとして取っておくものは、故人の遺志を尊重し、遺すものを決めましょう。形見分けを贈る場合は受け取る側の了解を事前に得ておき、高価なもの（110万円超）の場合は贈与税の確認も必要です。

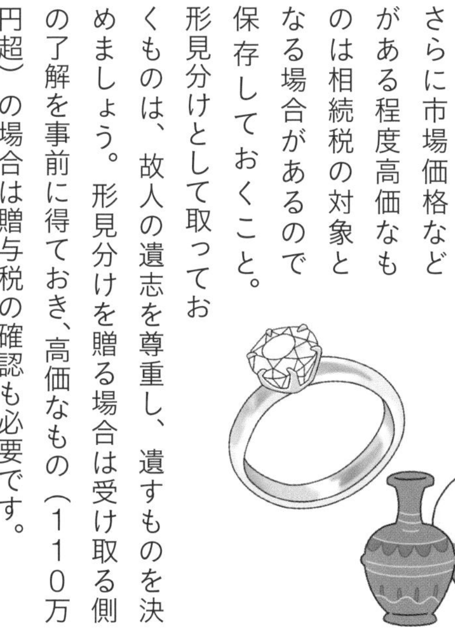

column 1

葬儀後も供養は続く 一周忌までに行う主な法要は？

葬儀が終わりひと段落。しかし、供養はこのあとも続きます。下表のように七日ごとに忌日があり、故人を供養する法要を行うのが本来のしきたりです。現代では初七日を葬儀と同じ日に繰り上げ、その後忌明けまでの間の法要は省略。忌明けとされる四十九日忌法要は手厚く行うのが一般的です。その後は１年後の祥月命日に行う一周忌が１つの区切りとなります。

一周忌までの主な法要

法要名	行う日	招待する人	法要の方法
初七日忌（しょなのか）	死去後７日目	僧侶・近親者・友人・知人	■現在では葬儀当日に行うことが多い ■僧侶に読経をあげてもらい茶寮などでもてなす
二七日（ふたなのか）	14日目	遺族のみ	地域により五七日を忌明けとしているところも
三七日（みなのか）	21日目		
四七日（よなのか）	28日目		
五七日（いつなのか）	35日目		
六七日（むなのか）	42日目		
四十九日忌（しじゅうくにち）	49日目	僧侶・近親者・友人・知人	■忌中最後の日で盛大に法要を営みお斎（とき）（会食）でもてなす ■法要後遺族（知人）は納骨式を行う
百か日忌（ひゃっかにち）	100日目	遺族（知人）	■四十九日忌法要を過ぎ、仏になった故人を供養する ■近年省略傾向にあるが、家族だけで手を合わせるだけでも行うとよいでしょう
新盆（にいぼん）		僧侶・近親者・友人・知人	初めてのお盆のこと（四十九日を過ぎてから）。お盆飾りなど地域の風習に合わせて行う
初盆（はつぼん）			
一周忌（いっしゅうき）	１年目の祥月命日	僧侶・近親者・友人・知人	■寺院で法要として営むことが多い。近親者だけでなく親しい友人を招く場合も ■法要後に卒塔婆（※）をいただき、お墓参りをする

※仏教の場合。宗派によって異なる

1章

亡くなったあと、7〜14日以内に行うこと

葬儀・納骨手配

故人との思い出にひたる間もなくあわただしく進むスケジュール

該当者　全員

期限　亡くなったあと、すぐ

身内が亡くなったあとのスケジュールを、簡単に記しておきます。

臨終を迎えたのが病院なら医師が死亡確認をしますが、自宅だった場合はかかりつけ医を呼びます。事故などの場合は、警察に連絡。近親者にはこの時点で訃報を伝えます。搬送場所の確保が大変なので、病院と提携している葬儀社と相談しましょう。入院費の精算も忘れずに行ってください。

通夜や告別式の目処がついたら、菩提寺の僧侶に連絡を入れて、祭壇や棺、精進落としなど、細かいことをどうするか決めていきます。知人や勤務先、近隣の住人には、この時点で知らせます。

通夜、告別式での礼儀やふるまいはここでは割愛しますが、すべて終わったら遺骨は自宅の祭壇に安置します。その後、納骨、法要が行われます。最初の法要は初七日ですが、最近は告別式と一緒にすませるケースが増えています。納骨は、決まりはありませんが、四十九日忌法要に行うのが一般的です。

亡くなってから葬儀・納骨までのスケジュール

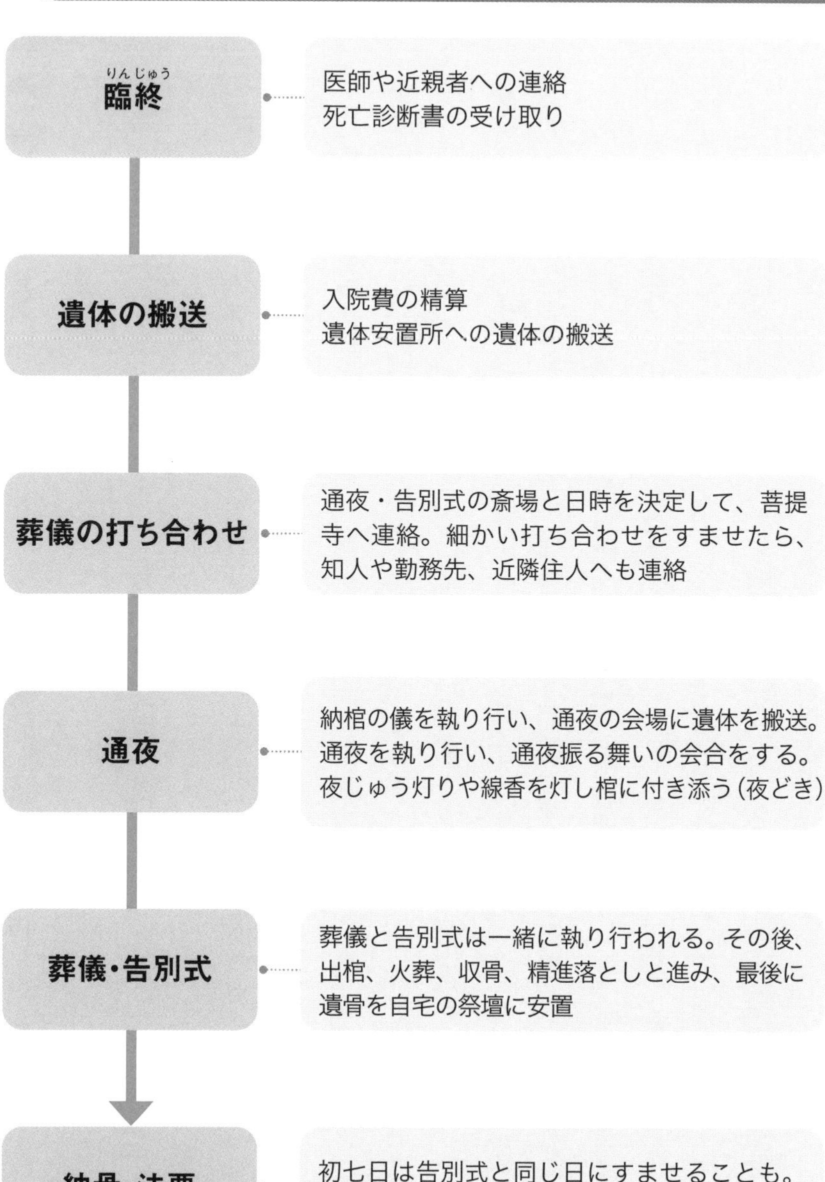

臨終（りんじゅう）
医師や近親者への連絡
死亡診断書の受け取り
遺体の搬送
入院費の精算
遺体安置所への遺体の搬送
葬儀の打ち合わせ
通夜・告別式の斎場と日時を決定して、菩提寺へ連絡。細かい打ち合わせをすませたら、知人や勤務先、近隣住人へも連絡
通夜
納棺の儀を執り行い、通夜の会場に遺体を搬送。
通夜を執り行い、通夜振る舞いの会合をする。
夜じゅう灯りや線香を灯し棺に付き添う（夜どき）
葬儀・告別式
葬儀と告別式は一緒に執り行われる。その後、出棺、火葬、収骨、精進落としと進み、最後に遺骨を自宅の祭壇に安置
納骨・法要
初七日は告別式と同じ日にすませることも。
納骨は四十九日忌法要時に行うのが一般的

死亡届

該当者　全員

期限　7日以内

7日以内に、死亡届と埋火葬許可証交付申請書を提出する

身内が亡くなったときに最初にすべきことは、死亡届の提出です。

死亡届は、医師が作成する死亡診断書とセットになっています。

死亡届に署名・押印できる「届出人」は同居の親族ですが、いなければそれ以外の親族、そのほかの同居者、家主などの順になります。窓口へ届けるのは、葬儀社などの代理人でもかまいません。故人の本籍地か死亡地、届出人の所在地、いずれかの市区町村役場に提出します。亡くなった事実を知った日を含めて7日以内に提出することが必要ですが、ほとんどの場合は葬儀社が代理で提出してくれます。

死亡届と一緒に、「埋火葬許可証交付申請書」も役場に提出しなければなりませんが、これも葬儀社が代行してくれます。提出すると「火葬許可証」が、火葬がすむと、「埋葬許可証」が交付されます。これを墓地に提出すれば、お墓に納骨できます。

なお、判断能力の不十分な成年者を保護し、支援する成年後見制度（128〜129ページ参照）の後見人なども死亡届を提出できるようになりました。

亡くなってから埋葬までの書類の流れ

病院から「死亡診断書」を発行してもらう

発行料は数千〜１万円程度かかる。事故で亡くなった場合は「死体検案書」

↓

「死亡届」を記入

死亡診断書（死体検案書）と同じ用紙にある

↓

「死亡届」と「埋火葬許可証交付申請書」を提出

亡くなった事実を知った日を含め７日以内に、市区町村役場へ提出すると火葬時に必要な「火葬許可証」が交付される。これは葬儀社が行うことが多い。自治体によっては交付手数料がかかる場合も

↓

「火葬許可証」を、火葬場に提出

「火葬許可証」は、葬儀の際、忘れずに持参する

↓

火葬後、「埋葬許可証」が交付される

火葬場でもらえる。墓地に提出すると、お墓に故人の遺骨を納めることができる

葬儀費用
①

遺産分割完了まで口座凍結だが一部出金も可能に

該当者 全員

期限 亡くなる前が望ましい

家族が亡くなった直後、告別式や火葬などの葬儀費用に困ったという人は少なくありません。葬儀費用の平均額（もしくは目安）は150～200万円です。

しかし、このお金を故人の銀行口座から、簡単には引き出せません。亡くなったことを銀行に伝えると、故人の口座は凍結され、配偶者や実子でもお金をおろすことはできなくなります。遺言で指定がない場合の出金は、相続人全員の合意と故人の出生から死亡までのつながりがわかる戸籍謄本などが必要になるのです。

「銀行には死亡を伏せてキャッシュカードでおろせばいい」と思うかもしれませんが、遺産を分ける段階になって「おろした人が着服したのではないか？」と相続人のあいだでもめる原因となります。亡くなる前から考えたくないかもしれませんが、葬儀費用は、残された相続人が準備しておくことが大切です。

2019年7月1日から「遺産分割前の預貯金の払い戻し制度」が始まりました。詳しくは次項でご紹介します。

葬儀に必要な費用と金額の目安

葬儀費用

必ず必要な費用

・納棺・霊柩車搬送・火葬費用

一般的な費用・保管

・遺体搬送・安置・保管
・式場利用料・礼拝具
・祭壇・訃報広告など

20〜100万円
（祭壇規模による）

＋

宗教費用

宗教者への支払い費用

・読経料・戒名料・お布施（仏教）
・御祭祀料（おさいしりょう）・御玉串料（神道）
・献金・御礼（キリスト教）

20万〜上限未定
（事前に確認が必要）

接待費用

一般的な費用

・通夜振る舞い・精進落とし
・返戻品・香典返し
・手伝いの人への心付けなど

20〜100万円
（会葬人数による）

葬儀費用
②

葬儀費用や当面の生活費に充てられる！遺産分割前の預貯金の払い戻しができるように

該当者　全員

期限　ー

２０１８年の民法の改正によって設けられた「遺産分割前の預貯金の払い戻し制度」。これは、葬儀費用や火葬費用、医療費、当面の生活費などの支払いのために相続人にお金が必要になった際、遺産分割前であっても、単独で一部の預貯金の払い戻しを受けられるという制度です。本来であれば金融機関に口座名義人の死亡連絡をすると、口座が凍結されます。これは相続手続き完了までの間に預貯金が勝手に引き出されることを防ぐための措置です。しかし、預貯金のうちの一定額については、取引金融機関窓口で払い戻しが受けられるようになりました。

この払い戻し制度には、①家庭裁判所の判断によって払い戻しができる制度と、②家庭裁判所の判断を経ずに払い戻しができる制度の２つがあります。前者の場合は、「家庭裁判所が仮取得を認めた金額」を、後者の場合は「相続開始時の預金額×１／３×払い戻しを行う相続人の法定相続分」を払い戻すことができます。家庭裁判所による判断の有無によって必要書類が変わってくるので、注意が必要です。

相続預金の2つの払い戻し制度

家庭裁判所の判断により、払い戻しができる制度

家庭裁判所に遺産の分割の審判や調停が申し立てられている場合に、各相続人は、家庭裁判所へ申し立ててその審判を得ることにより、相続預金の全部または一部を仮に取得し、金融機関から単独で払い戻しを受けることができる

※生活費の支弁等の事情により相続預金の仮払いの必要性が認められ、かつ、他の共同相続人の利益を害しない場合に限られる

単独で払い戻しができる金額

家庭裁判所が仮取得を認めた金額

制度利用の際の必要書類

①家庭裁判所の審判書謄本
（審判書上確定表示がない場合は審判確定証明書も必要）
②預金の払い戻し希望者の印鑑証明書
③本人確認書類

家庭裁判所の判断を経ずに、払い戻しができる制度

各相続人は、相続預金のうち、口座ごと（定期預金の場合は明細ごと）に以下の計算式で求められる額については、家庭裁判所の判断を経ずに、金融機関から単独で払い戻しを受けることができる

※同一の金融機関（同一の金融機関の複数の支店に相続預金がある場合はその全支店）からの払い戻しは150万円が上限

単独で払い戻しができる金額

相続開始時の預金額×1/3×払い戻しを行う相続人の法定相続分

(例)相続人が長男、次男の2人で、相続開始時の預金額が1口座の普通預金600万円であった場合。

長男が単独で払い戻しができる金額＝600万円×1/3×1/2＝100万円

制度利用の際の必要書類

①被相続人の除籍謄本、戸籍謄本または全部事項証明書
（出生から死亡までの連続したもの）
②相続人全員の戸籍謄本または全部事項証明書
③預金の払い戻し希望者の印鑑証明書
④本人確認書類

世帯主
変更

世帯主が亡くなったら14日以内に変更手続を新しい世帯主が明らかなら手続の必要なし

該当者　亡くなった人が世帯主だった場合（一部例外あり）

期限　14日以内

世帯主が亡くなった場合は、世帯主変更届（住民異動届）を提出して、世帯主を変更する必要があります。そのタイムリミットは意外と短く、亡くなってから14日以内に行わなければなりません。身近な人が亡くなった直後は非常にあわただしいものですが、忘れないようにしましょう。

ただし、世帯に残されたのが妻だけだったり、妻と幼稚園・小学生くらいの子どもの場合など、誰が見ても新しく世帯主になる人が明らかな場合は、変更届を出す必要はありません。また、亡くなった人が世帯主でなかった場合も、届け出る必要はありません。

届け出は、新しい世帯主や同一世帯の人のほか、代理人でも行うことができます。自治体によっては、世帯主変更届がなく、転居・転入の際にも使われる住民異動届が併用されている場合もありますので、注意が必要です。本人確認書類と認印があれば、届け出ができます。

世帯主変更届（住民異動届）の要・不要例

世帯主の夫が亡くなったとき

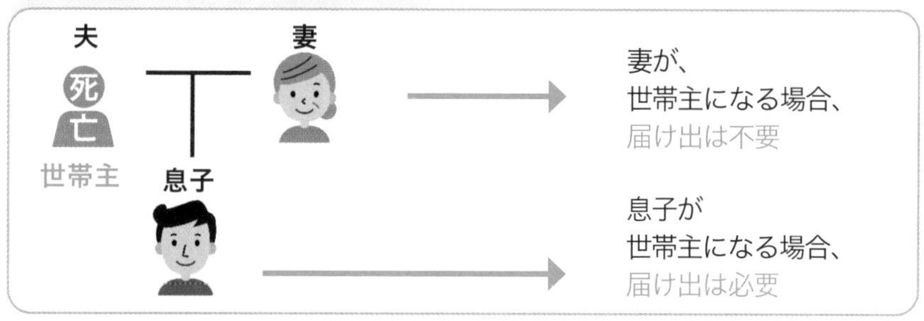

世帯主の母が亡くなったとき

世帯主変更届（住民異動届）の提出方法

期限	14 日以内
提出先	故人が住んでいた市区町村役場の窓口
届出ができる人	新世帯主、世帯員、代理人
提出する書類	世帯主変更届（住民異動届であることが多い）
その他必要なもの	本人確認書類（運転免許証、マイナンバーカードなど）、印鑑（認印） ※代理人の場合は委任状が必要

健康保険証の返却は5日または14日以内に被扶養者は新たに加入する手続も必要

該当者 全員

期限 5日以内（国民健康保険は14日以内）

故人の健康保険証は、すみやかに返却し、資格喪失の手続をしなければなりません。国民健康保険や後期高齢者医療制度に加入していた場合は、故人が住んでいた市区町村役場の窓口で手続をします。期限は14日以内。介護保険を受けていた場合は、介護保険の被保険者証の返却と資格喪失手続も、同時に行いましょう。

会社員（健康保険）の場合は、亡くなってから5日以内に手続をする必要がありますが、勤務先が手続を代行してくれます。また、健康保険だけでなく、厚生年金の資格喪失手続もしてくれます。詳しくは、会社の総務課などに問い合わせを。死亡退職届の提出や社員証の返却など、そのほかの手続についても教えてくれるはずです。

故人の健康保険の扶養に入っていた人は、故人が亡くなると同時に、健康保険と国民年金などの資格を喪失します。その場合は、扶養に入っていた人全員ぶんの健康保険証を返却すると共に、国民健康保険と国民年金に加入する必要があります。また、家族に会社員がいる場合、要件を満たせばその人の被扶養者に切り替えられます。

健康保険証の返却・喪失手続はどこで行う？

後期高齢者医療制度に加入していた人
（故人が75歳以上か、65〜74歳で障害があった人）

返却先	故人が住んでいた市区町村役場の窓口
提出する喪失届	後期高齢者医療喪失届（自治体によっては死亡届で完了）
返却するもの	後期高齢者医療被保険者証、高額療養費の限度額適用認定証など
その他必要なもの	死亡を証明する戸籍謄本、申請者の印鑑、本人確認書類（運転免許証、マイナンバーカードなど） ※埋葬費の申請の際、必要となります ※高額療養費の還付および保険料の返還がある場合は、相続人の印鑑・預金通帳も必要になります

国民健康保険に加入している人
（定年退職した75歳以下の人、自営業者など）

返却先	故人が住んでいた市区町村役場の窓口
提出する喪失届	国民健康保険資格喪失届（自治体によっては死亡届で完了）
返却するもの	国民健康保険被保険者証 （世帯主が死亡した場合は世帯全員ぶん）、国民健康保険高齢受給者証（70 〜 74 歳の人のみ）
その他必要なもの	死亡を証明する戸籍謄本、申請者の印鑑、本人確認書類（運転免許証、マイナンバーカードなど）

会社員の人
（国民健康保険以外の健康保険に加入していた方）

返却先	勤務先
提出する喪失届	健康保険・厚生年金被保険者資格喪失届 （勤務先が代理で提出する）
返却するもの	会社の健康保険被保険者証 （被保険者が死亡した場合は、被扶養者全員ぶんも）

※故人との関係性を示す公的書類などが必要になることがあります

葬儀・埋葬の
補助

葬儀や埋葬に1〜7万円の補助あり 健康保険証返却時に申し込む

該当者 葬儀や埋葬を行った人

期限 2年以内

家族が亡くなったとき、国民健康保険や会社の健康保険から、葬儀や埋葬にかかった費用の補助が出ます。故人が国民健康保険や後期高齢者医療制度に加入していた場合は葬祭費が支給されます。金額は自治体によりますが、1〜7万円程度です。

一方、故人が会社の健康保険に加入していた場合は埋葬料が支給されます。会社の健康保険から脱退し、3カ月以内で亡くなった場合および資格喪失後に傷病手当金または出産手当金を受けている期間、あるいは受けなくなった日から3カ月以内に亡くなった場合も支給されます（葬祭費は支給されません）。金額は、申請者が、故人によって生計を維持されていた人なら一律5万円。そうでなければ、実際に埋葬にかかった費用が「埋葬費」として支給されます（上限5万円）。また被保険者の家族（被扶養者）が亡くなった場合は、被保険者に「家族埋葬料」が5万円支給されます。いずれも、領収書などの必要書類をそろえて申請することが必要です。期限は2年で急ぐ必要はありませんが、保険証の返却と窓口が同じなので返却時に請求しましょう。

葬祭費・埋葬料を申請するには？

葬祭費
（故人が、国民健康保険や後期高齢者医療制度に加入していた場合）

支給額	1～7万円
申請先	故人が住んでいた市区町村役場の窓口
申請できる人	葬儀費用を支払った人。喪主など
必要な書類	故人の健康保険証、葬儀にかかった費用がわかる領収書、申請者の印鑑、申請者の本人確認書類、申請者の預金通帳など
期限	原則、葬儀日の翌日から2年以内

埋葬料・埋葬費（故人が会社の健康保険に加入していた場合。定年退職などで脱退後、3カ月以内に亡くなった人も含む）

<table>
<tr><th></th><th>埋葬料</th><th>埋葬費</th></tr>
<tr><td>支給額</td><td>一律上限5万円</td><td>葬祭にかかった額。
上限は5万円</td></tr>
<tr><td>申請できる人</td><td>故人によって生計を維持されていて、埋葬を行った人</td><td>左の該当者がおらず、埋葬を行った人</td></tr>
<tr><td>申請先</td><td colspan="2">故人の勤務先管轄の協会けんぽ（郵送可。申請書は協会けんぽホームページにあり）か、故人の勤務先の健康保険組合</td></tr>
<tr><td>必要な書類</td><td colspan="2">・残された家族に健康保険の被扶養者がいる場合、事業主の証明または死亡診断書の写し、埋葬火葬許可証の写し、住民票の除票、亡くなった人が記載されている戸籍謄本等のいずれか
・健康保険の被扶養者がいない場合、住民票（亡くなった被保険者と申請者が記載されているもの）、住居が別の場合は仕送りが確認できる書類
・埋葬費は埋葬に要した領収書・明細書</td></tr>
<tr><td>期限</td><td>死亡した日の翌日から2年</td><td>埋葬の翌日から2年</td></tr>
</table>

column

2

「住民票はもうない」とはどういうこと?

相続手続をするためには、役所でさまざまな書類を取り寄せる必要があります。故人については、数十年、ときには百年前の書類の写しを手に入れなければなりません。当然、さまざまなトラブルも想定されます。

典型は、役所で「住民票はもうない」といわれることです。そのようなトラブルが起こるのは、住民票や戸籍、戸籍の附票には保存期間があるから。

転居や死亡などで住民票から除かれると、住民票の除票が作成されます。この住民票の除票の保存期間は2019年に、5年から150年に延長されました。ただし、2014年3月31日以前に消除・改製したものは発行することができません。保存期間が過ぎてしまっていると、除票も発行できなくなり、住民票が「ない」ということになるのです。

住民票を提出する必要に迫られたら、その機関に、保存期間が過ぎて取得できない旨を説明し、ほかの書類で対応できないか確認しましょう。たとえば、法務局で行う相続登記であれば、不在籍証明・不在住証明を役所に発行してもらったり、権利証を提出したりすれば手続できます。

2
章

急ぎの案件が終わったら行うこと

公共料金
解約

電気・ガス・水道や携帯電話、ネットを解約
意外なサービスの解約忘れに注意！

該当者 ほぼ全員

期限 なるべく早めに

葬儀関連の手続やあいさつなどが終わってひと段落したら、次は公共料金や携帯電話の使用料など継続的な料金引き落としサービスの解約、もしくは名義人の変更手続を早めに行いましょう。

早めに行ったほうがいい理由は2つ。まず1つは銀行口座が凍結されれば、引き落としができなくなるから。故人の家に家族が住んでいたり、遺族が片づけに来たりしたときなどに、電気やガスが止まってしまったということも起こりかねません。

もう1つはムダな出費を防ぐため。もし、銀行口座が凍結されていなければ、公共料金、携帯電話代、フィットネスクラブなどの会費等が使っていないのに引き落とされ続けます。多くの場合、払い過ぎた料金は返還されません。

名義変更のほうが手間がかかるケースもあれば、解約のほうが面倒なケースもあります。故人が、どんなサービスを使っていたかわからない場合は、通帳の引き落とし欄、クレジットカードの明細書、請求書、郵便物などを根気よくチェックしましょう。

故人が利用していた公共料金・各種サービスの解約手続リスト

以下に示したのは1社の例。会社によって手続方法が異なる場合があるので、詳しくはサービスを受けている各社のお客様窓口に問い合わせを。

電気

東京電力の場合は、カスタマーセンターに電話(インターネットやFAXでも可能)をして、支払い番号・故人の名前・住所を告げればOK。支払い番号がわからない場合は、カスタマーセンターに電話をしたあと、現地で使用停止の立ち会いが必要

ガス

東京ガスの場合は、お客さまセンターに電話連絡をすれば解約できる。家族・親族ならOK。警報器をレンタルしている場合は、取り外し工事の立ち会いが必要

水道

東京都水道局の場合、お客さまセンターに、家族・親族が電話をすればOK(インターネットでの手続も可能)。特別な手続は不要

固定電話

解約する場合、NTT西日本の場合は、申込者と故人の関係がわかる戸籍謄本(除籍・相続の確認がとれるもの)と手続する人の本人確認書類(運転免許証など)が必要。これらの書類は、契約を承継するときにも必要となる。インターネットからは受付できないので、まずは116に電話連絡をし、解約の申し込みをする

携帯電話

NTT ドコモの場合は、ドコモショップで手続をする。以下の書類などが必要となる
・死亡の事実が確認できるもの（葬儀の案内状や死亡診断書など）
・利用中のドコモ UIM カード／ドコモ eSIM カード
・来店する人の本人確認書類（運転免許証など）
・解約日までの料金

インターネット・プロバイダー

ビッグローブの場合は、親族がカスタマーサポートに連絡をすると、申込書が送られてくるので、必要事項を記入し、返送すれば解約完了。解約日は、問い合わせした月の末日。
配偶者や子、孫、兄弟姉妹などは、契約を承継することも可能だが、故人のメールはすべて削除される

NHK

受信料窓口に連絡をすると、届出書が送付される。記入・提出した届出書が受理された日に解約が認められる

クレジットカード

カード会社や種類によってバラバラ。電話やインターネットだけで解約できるところもあれば（三井住友 VISA カードや JCB カードの一部は、自動電話応答で解約可能）、書類の提出が必要なケースもある。公共料金等をカード払いにしている場合は、タイミングによっては、解約後に請求が発生することも

スポーツクラブ

コナミスポーツクラブの場合は、自分の身分証明書と故人の会員証をもって施設へ

ケーブルテレビ

ジェイコムの場合は、カスタマーセンターに電話もしくはインターネットから相談可能。機器の撤去の日を決めて、撤去当日に立ち会いをして手続完了

衛星放送

WOWOWの場合は、カスタマーセンターに電話。故人の名前・電話番号・生年月日・住所がわかれば、親戚や知人でも手続できる。インターネットでの解約には ID でのログインが必要

有料ネットサービス（アマゾン、ヤフー他）

有料会員になっている場合、会員としてログインできれば、会員情報ページで簡単に解約できるサイトが多いが､ログインするための ID とパスワードがわからないというケースが。生前に ID とパスワードをまとめておいてもらうことが必要

新聞・雑誌の定期購読

契約の自動継続サービスを利用している場合があるので、カスタマーセンターに連絡して確認を。新聞も家族、親戚、または知人が販売店に連絡して解約する

パスポートや免許証の返却

パスポートや免許証は失効していなければ返却する必要あり

該当者 全員

期限 なるべく早めに

パスポートや運転免許証をはじめとした公的な証明書類は、失効していなければ、返却しなければなりません。すでに故人のパスポートが失効していれば返却する必要はありませんが、逆手に取って、「どうせいつか失効するのだから」と返却しない人も少なくありません。しかし日本人のパスポートは信頼度が高い反面、犯罪集団からのターゲットになりやすく、盗まれれば悪用される恐れもあります。リスクを避けるためにもきちんと返却しましょう。

パスポートの返却先は、国内なら都道府県のパスポートセンター、国外在住の場合は最寄りの日本大使館、もしくは総領事館になります。手続には故人のパスポートと戸籍謄本等の名義人が死亡した事実がわかる書類が必要です。

一方、運転免許証の場合は、故人の運転免許証と死亡日を確認できる書類のコピーを最寄りの警察署に提出します。印鑑証明カードは、故人が住んでいた市区町村の役場に返却します。

パスポートや運転免許証などの返却先

運転免許証

返却先

最寄りの警察署

必要書類

戸籍謄本等の、名義人が死亡した事実がわかる書類のコピー

パスポート

返却先

都道府県のパスポートセンター（国外在住の場合は最寄りの日本大使館または総領事館）

必要書類

戸籍謄本等の、名義人が死亡した事実がわかる書類

住民基本台帳カード

返却先

故人が住んでいた
市区町村の役場

必要書類

特になし

印鑑証明カード

返却先

故人が住んでいた
市区町村の役場

必要書類

特になし

マイナンバーカード

特に返却は不要

シルバーパス
バスを自由に
乗り降りできるパス

返却先

鉄道やバスなどの
定期券売り場

必要書類

特になし

故人に高額な医療費がかかっていた場合は「高額療養費」が請求できる

該当者 世帯主、相続人

期限 診療月の翌月1日から2年以内

健康保険には、「高額療養費」という制度があります。暦月（1日から月末まで）に被保険者が支払う医療費の上限が定められており、その額を超えたぶんが戻ります。故人が医療費を払い過ぎていれば、限度額適用認定証を事前に医療機関に提出している場合を除き、遺族は「高額療養費」を請求できます。通常は、「高額療養費」の対象者には、市町村や健康保険組合などから手続のお知らせや申請書などが送られてきますが、健康保険組合によって違いがあります。病院の領収書などをチェックして、該当するなら問い合わせてみましょう。

支払いがすんでいない場合は、すませてから申請します。上限以下であっても家族の医療費を合算する「世帯合算」という方法で計算すれば該当するケースもあります。申請には故人との関係を証明できる戸籍の写し、病院の領収書などが必要です。地域や組合によっては、念書や相続人全員の戸籍謄本などが必要なこともあるので、必ず、該当する窓口に問い合わせましょう。

高額療養費の自己負担額
(70歳以上75歳未満の場合)

以下の金額を超えると、高額療養費制度が適用され、限度額を超えたぶんの医療費が戻ります。70歳未満の人は限度額が異なります。

被保険者の所得区分		自己負担限度額 外来・入院(世帯)	外来(個人ごと)
①現役並み所得者※1	現役並みⅢ(標準報酬月額83万円以上で高齢受給者証の負担割合が3割の方)	252,600円+(総医療費−842,000円)×1% [多数該当:140,100円] ※2	
	現役並みⅡ(標準報酬月額53万〜79万円で高齢受給者証の負担割合が3割の方)	167,400円+(総医療費−558,000円)×1% [多数該当:93,000円]	
	現役並みⅠ(標準報酬月額28万〜50万円で高齢受給者証の負担割合が3割の方)	80,100円+(総医療費−267,000円)×1% [多数該当:44,400円]	
②一般所得者(①および③以外の人)		57,600円 [多数該当:44,400円]	18,000円 (年間上限14.4万円)
③低所得者	Ⅱ※3	24,600円	8,000円
	Ⅰ※4	15,000円	

※1 現役並み所得者に該当する場合は、市区町村民税が非課税等であっても現役並み所得者となります

※2 高額療養費に該当した月が1年間(直近12カ月間)に3カ月以上あった場合に4カ月目から引き下げられます

※3 被保険者が市区町村民税の非課税者等である場合

※4 被保険者とその扶養家族すべての人の収入から必要経費・控除額を除いたあとの所得がない場合

(2023年4月現在)

高額介護
合算療養費

医療保険と介護保険を合算した限度額超過分のお金が戻ってくる

該当者 世帯主、相続人

期限 亡くなった翌日から2年以内

医療保険と介護保険のどちらも利用する世帯において、1年間の医療費と介護サービス費両方の自己負担額が著しく高額になった場合に負担を軽減できるのが「高額介護合算療養費」制度です。たとえば在宅で介護サービスを受けながら病院にも通院していたといった世帯が対象になります。医療保険と介護保険の制度別に按分計算され、それぞれ保険者から支給されます。自己負担限度額は、標準報酬月額によって、「現役並み所得者」「一般所得者」「低所得者」に分かれていて、「現役並み所得者」はさらに3つに細分化されています。

対象となるのは1年間（毎年8月1日から翌年7月31日）に支払った自己負担額。ただし、医療保険か介護保険のどちらかの自己負担が0円の場合や限度額を超えた金額が500円以下の場合などは、支給の対象外となります。

高額介護合算療養費に申請する際には、支給申請書のほか、自己負担額証明書や後期高齢者医療被保険者証などの必要書類を提出します。

医療保険＋介護保険の限度額超過分が戻ってくる

75歳以上の高額介護合算療養費の自己負担限度額

所得区分		世帯単位の自己負担の限度額（後期高齢者医療制度＋介護保険）
①現役並み所得者	現役並みⅢ 年収約1,160万円以上 （課税所得690万円以上）	212万円
	現役並みⅡ 年収約770万円〜約1,160万円 （課税所得380万円以上690万円未満）	141万円
	現役並みⅠ 年収約370万円〜約770万円 （課税所得145万円以上380万円未満）	67万円
②一般所得者	年収約156万円〜約370万円 （課税所得145万円未満）	56万円
③低所得者（住民税非課税の人）	Ⅱ 住民税非課税世帯	31万円
	Ⅰ（年金収入のみの人の場合、年金受給額80万円以下など、総所得金額がゼロの人）	19万円

高額介護合算療養費支給申請書の提出方法

提出する人	亡くなった人の法定相続人
提出先	亡くなった人の自宅の住所地の市区町村役場
期限	亡くなった翌日から2年間
必要な書類等	●届出人と亡くなった人の関係が記載されている戸籍謄本 ●届出人の振込先の口座が確認できるもの（通帳など） ●自己負担額証明書（マイナンバーを利用しない場合） ●届出人の印鑑 ●届出人の本人確認書類 ●後期高齢者医療被保険者証（後期高齢者の場合）

準確定申告

故人の所得税は4カ月以内に申告が必要 代表1人ではなく、相続人全員で行う

該当者 相続人

期限 4カ月以内

確定申告が必要な人が亡くなった場合は、相続人が確定申告をする必要があります。故人の申告は通常とは少し異なり、「準確定申告」といいます。

通常の確定申告は1月1日から12月31日までの所得の状況が対象ですが、故人の場合は、1月1日から亡くなった日までの所得が対象になります。また、通常は翌年の2月16日から3月15日のあいだに申告と納税をしますが、故人の場合は「相続の開始があったことを知った日（亡くなったことを知った日）」の翌日から4カ月以内に申告する必要があります。

準確定申告は相続人全員で行います。「準確定申告書」と「確定申告書付表（兼相続人の代表者指定届出書）」に、各相続人が住所・氏名・相続分・納税額（もしくは還付額）等を書きます。連署ではなく個別で申告することも可能ですが、その場合は、ほかの相続人の氏名を書き、また申告内容もほかの相続人に知らせる必要があります。相続人同士がもめていれば準確定申告が困難になるので気をつけましょう。

準確定申告が必要なケース

下記に当てはまる人が年の途中で亡くなった場合、
準確定申告を検討しましょう。

- 公的年金を受給していた
- 複数箇所から給与をもらっていた
- 不動産を賃貸していた
- 個人で事業を行っていた
- 給与や退職金以外の所得があった
- 医療費が10万円超かかった（総所得200万円以上の場合）

申告の必要がないケース

収入が 400 万円以下の公的年金しかないか、ほかに所得があったとしても 20 万円以下の場合、申告する必要はありません

準確定申告をする方法

提出先	故人の住所などを所轄する税務署
申告をする人	相続人全員
提出書類	準確定申告書（第Ⅰ、２表）、確定申告書付表（兼相続人の代表者指定届出書）、年金や給与などの源泉徴収票、青色決算書または収支内訳書（個人事業による収入や不動産収入があった場合）など

故人が個人事業を営んでいた場合は引き継ぐ場合でもいったん廃業する

該当者 **相続人**

期限 **最短45日以内**

故人が個人事業主だった場合は、廃業するケースだけでなく、引き継ぐケースでも廃業手続が必要です。引き継ぐ場合には、相続する人が改めて開業手続をします。株式会社などの法人組織の場合、仮に社長などの代表者が亡くなったとしても、会社自体はなくならないため、管轄の税務署は変わりません。しかし個人事業の場合は、事業主である個々人に申告や納税の義務があるので、事業主が亡くなったことを管轄の税務署へ届け出る必要があるのです。

廃業の手続は「個人事業の開業・廃業等届出書」に廃業する内容を記入して故人が申告していた税務署へ提出します。事業を引き継ぐ場合は同じく「個人事業の開業・廃業等届出書」に開業する内容を記入して、引き継ぐ人の住所などを管轄する税務署へ提出します。申告上のメリットがある青色申告を選択する場合は、たとえ故人が青色申告で確定申告を行っていたとしても、左ページの表のように死亡日によって申請できる期限が決まっており、最短45日以内なので、注意しましょう。

故人が個人事業主だった場合

故人が営んでいた個人事業を廃業するには？

提出先	故人が納税していた税務署
届出ができる人	相続人
提出する書類	個人事業の開業・廃業等届出書、個人事業者の死亡届出書
期日	1カ月以内 （個人事業者の死亡届出書は「すみやかに」提出）

故人が営んでいた個人事業を引き継ぐには？
（※いったん廃業手続が必要）

提出先	引き継ぐ人が納税している税務署に提出
届出ができる人	引き継ぐ人
提出する書類	個人事業の開業・廃業等届出書、消費税課税事業者届出書（売上高1000万円超の場合）、相続があったことにより課税事業者となる場合の付表（消費税を納める義務が生じた場合）
期日	個人事業の開業･廃業等届出書は開業の日から1カ月以内、青色申告承認申請書は表のとおり 被相続人が亡くなった日がその年の1月1日から8月31日 → 死亡の日から4カ月以内 被相続人が亡くなった日がその年の9月1日から10月31日 → その年の12月31日 被相続人が亡くなった日がその年の11月1日から12月31日 → 翌年の2月15日

名字

名字を旧姓に戻すには「復氏届」を出せばOK 義理の親との親族関係を終了させることも可

該当者　残された配偶者

期限　無期限（国際結婚は3カ月）

配偶者が亡くなり、旧姓に戻したい場合は、本籍地か住民票を登録している役所に「復氏届（ふくうじとどけ）」を提出すれば、旧姓の新しい戸籍が作られます。提出期限はありませんが、国際結婚の場合で外国人の死亡に伴う復氏届には期限があるので要注意です。手続によって姓が変わるのは本人のみ。子どもがいても、子どもの戸籍は配偶者の戸籍に残ったまま、姓は配偶者の姓のままです。子どもの姓も変更したい場合は、家庭裁判所に「子の氏の変更許可申立書」を提出します。許可されたら、入籍届を提出して、自分の戸籍に移動させれば子どもも旧姓に変わります。

一方、配偶者が亡くなっても、自分と義理の親きょうだいたちとの親族関係はそのまま。義理の父母に「収入が足りない」「介護が必要だ」などの問題が生じれば、扶養義務が発生する可能性があります。親族関係を終了させたい場合は「姻族関係終了届」を本籍地か住民票がある自治体の役所か役場に提出しますが、誰の同意も必要ありません。逆に配偶者の親きょうだい等が「姻族関係終了届」を出すことはできません。

名字を旧姓に戻すには？

申請書名	復氏届
申請先	残された配偶者の本籍地か住所地の市区町村役場
申請できる人	残された配偶者
提出書類	復氏届
期日	特になし

注意　国際結婚の場合、亡くなった翌日から３カ月以内。期間を超えると、家庭裁判所に許可を取らなければならない

子どもの姓を変更するには？

申請書名	子の氏の変更許可申立書
申請先	子どもの住所地の家庭裁判所
申請できる人	子（子が 15 歳未満の時はその法定代理人）
提出書類	子の氏の変更許可申立書
期日	特になし
備考	家庭裁判所の許可を受けたら、市区町村役場に入籍届を提出し、自分の戸籍に移動させることが必要

義理の家族との親族関係を終了させるには？

申請書名	姻族関係終了届
申請先	残された配偶者の本籍地か住所地の市区町村役場
申請できる人	残された配偶者
提出書類	姻族関係終了届
期日	特になし

必要書類の取得①

手続に何度も必要となる戸籍謄本、住民票、印鑑証明書をまとめて取得しよう

該当者　全員

期限　できるだけ早く

身近な人が亡くなったあとの手続では、さまざまな書類を用意する必要があります。

特に何枚も必要なのは、故人や遺族の戸籍謄本、住民票、印鑑証明書の3つです。何度も取得するのは面倒なので、76〜79ページのチェックリストを参考に事前に何枚必要になるかを調べて、ある程度まとめて取得しましょう。また、預貯金の解約、不動産の名義変更などにも利用できる「法定相続情報証明制度」（66ページ参照）は、相続関係などの情報を一覧図にして、手続に利用でき、便利です。

ちなみに、「戸籍の附票」とは、住所の異動履歴を記した証明書のこと。不動産の名義変更では、登記時の住所を証明することが必要ですが、遠方から住民票（除票）を取り寄せなければならなかったり、保存期間経過後で取得できないこともあります。しかし、戸籍の附票を取得することができれば何十年前の住所でも出ることがあります。また、行方不明の法定相続人がいた場合に、どこに住んでいるかもこれで突き止められます。ただし市区町村役場が認めないと交付されません。

故人の戸籍謄本・印鑑証明書・住民票などの取得方法

戸籍謄本・抄本、除籍謄本、改製原戸籍謄本、戸籍の附票

取得できる人	配偶者、直系尊属（親・祖父母）、直系卑属（子・孫）、代理人（要・委任状）など
取得できる場所	本籍がある（もしくは、かつて本籍があった）市区町村役場
費用	戸籍謄本・抄本　1通450円、除籍謄本・改製原戸籍謄本1通750円、戸籍の附票1通300円（※市区町村によって異なる）
必要な書類	申請書（役所のホームページから郵送用の申請書をダウンロードできる）。本人確認書類（パスポート、運転免許証、マイナンバーカードなど）。郵送の場合は定額小為替、返信用封筒、切手など

印鑑証明書

取得できる人	本人、代理人（要・印鑑カードなど）
取得できる場所	印鑑登録をしている市区町村役場（自動交付機がある場合も）、マイナンバーカードがあればコンビニエンスストアでも
費用	1通300円（※市区町村によって異なる）
必要な書類	印鑑登録証か印鑑登録カード、マイナンバーカード

住民票の写し

取得できる人	本人、本人と同じ住民票に記載されている人、代理人（要・委任状）
取得できる場所	住所地の市区町村役場、マイナンバーカードがあればコンビニエンスストアでも
費用	1通300円（※市区町村によって異なる）
必要な書類	申請書、本人確認書類（パスポート、運転免許証、マイナンバーカードなど）。郵送の場合は定額小為替、返信用封筒、切手など

必要書類の取得②

戸籍や住民票原本を逐一提出せずにすむ「法定相続情報一覧図」を依頼

該当者 全員

期限 できるだけ早く

「法定相続情報証明制度」は、2017年5月29日から開始されました。戸籍関係の書類一式から作成した法定相続情報を一覧図にし、申出書に必要事項を記載して、法務局に提出します。

従来だと、届出先や手続ごとに相続人全員の戸籍や住民票を一式提出しなければなりませんでした。また、確認後に原本を戻してくれない窓口もあり、別の届出先で必要になるともう一度同じものを取得しなければなりませんでした。こうした負担を軽減してくれるのが、「法定相続情報証明制度」です。

ただし、あくまで戸籍謄本等の情報のみから作成されるため、相続放棄に関する事項などは記載されません。また、日本国籍を有しないなどの理由で戸籍謄本等を提出できない場合には、この制度は利用することができません。

なお、5年間の保管期間中は、当初の申出人の申請あるいは、申出人の委任状があれば、再交付も可能です。

「法定相続情報証明制度」の概要

「法定相続情報証明制度」を利用すれば
各種相続手続は、必要書類と一覧図の写しを一度提出すればOKになりました。

［従来］ かつては、必要書類を一式揃えて提出したあと、返却されてから次の機関に提出する必要がありました

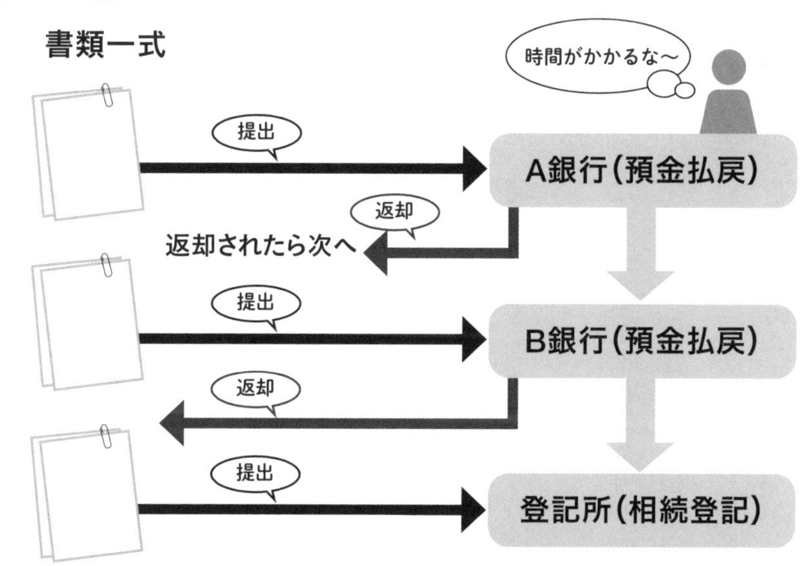

［現行］ 相続手続がいくつもある場合、無料で一覧図を何枚でも発行。返却書類を待つことなく、手続が同時に進められます

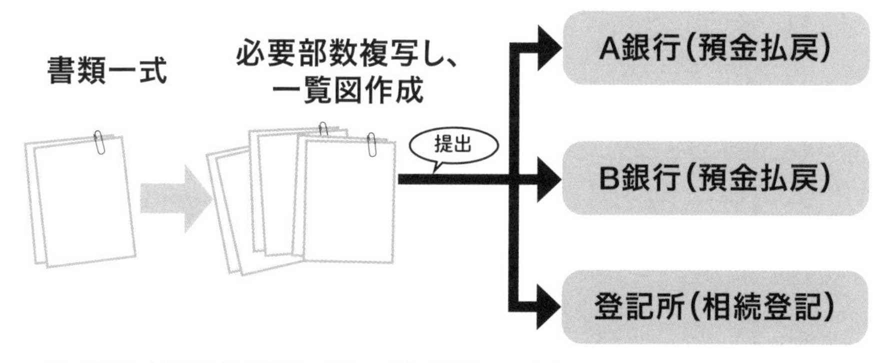

※一覧図と申出書の見本は74〜75ページに掲載しています
※遺産分割協議書と印鑑証明については、各機関へ原本の提出が必要になります
※ 2020年10月26日〜、被相続人の死亡に起因する年金手続においても使用が可能になりました

必要書類の取得③

相続手続に欠かせない！故人の出生から死亡までの戸籍を集める

該当者　全員

期限　できるだけ早く

相続手続をする際には、故人（被相続人）の、出生から死亡までの連続した戸籍を提出する必要があります。戸籍は死亡時から出生時へとさかのぼる形で集めていきます。左図は１９４０年生まれで、本籍地の異動や離婚・再婚がない人のケース。それでも４通の戸籍が必要になります。

まずは死亡時の本籍地で、死亡時の戸籍謄本を取得します。その際「出生から死亡まで」と伝えれば、同じ役所で取得できるものはすべて入手できます。あとは、内容を頼りにさかのぼっていきます。遠方の場合は郵送でも入手できますが、日数がかかってしまいます。

この戸籍を入手したら、「法定相続情報証明制度」を利用しましょう（66ページ参照）。これは、一度戸籍謄本の必要書類を提出すれば、法務局が法定相続情報一覧図の写しを発行してくれるという制度です。各種の相続手続にこの写しを利用すれば、その後に何度も戸籍謄本を集める手間を省くことができるので便利です。

「生まれてから亡くなるまで」の戸籍はどう集める？

例）1940年生まれ、1960年に結婚した人の場合

**死亡時から出生時へ
さかのぼって集めていく**

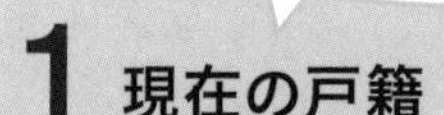

1 現在の戸籍
（コンピューター化された「戸籍全部事項証明書」）
…… 亡くなったことがわかる

↓

2 平成改製原戸籍
（コンピューター化される平成6年11月以前の戸籍）
…… 現在の戸籍の改製前に子どもがいたことがわかる

↓

3 除籍謄本
（結婚前の戸籍）
…… 結婚により新戸籍を編成したため除籍したことがわかる

↓

4 改製原戸籍
（現行の民法に改正される昭和22年以前の戸籍）
…… 出生時のことがわかる

納骨

該当者 全員

期限 準備ができ次第

お墓の承継問題も考慮に入れて墓を決め、納骨をする

納骨を行う際は、故人が亡くなった日を含めて49日以内に、先祖代々のお墓に納骨するイメージが一般的です。しかし、近年は少子化の影響で「墓守をする子どもがいない」「子どもに墓守の負担をかけたくない」との声をよく聞くようになりました。そういった背景から、永代供養墓や墓じまい（72ページ参照）などを選択する人が増えています。左ページ下グラフを見ると、近年では一般墓よりも永代供養を行う樹木葬や納骨堂など、従来とは異なる形のお墓の需要が高まっていることがわかります。

お墓をめぐる状況が多様化しているとはいえ、現在も主流なのは「配偶者や自分の先祖代々のお墓に入る」ケース。その際、確認しておきたいのは、先祖代々のお墓の種類です。一般墓は大きく分けて「境内（寺院）墓地」「公営霊園」「民営霊園」の3つがあり、特徴が異なります。霊園は原則、宗旨・宗派を問いませんが、境内墓地は供養が手厚い一方、利用するにはその寺院の檀家になる必要がある場合が多く、その後の費用負担や務めを親族間で承継していくことも必要になります。

一般墓の種別は大きく3種類

	1 境内(寺院)墓地	霊園	
		2 公営	3 民営
場所・管理	●寺院敷地内または管理地にある ●寺院が所有 ●寺院が経営管理を行う(供養が手厚い)	地方自治体(市町村)が管理	主に宗教法人名義で、民間会社が経営や管理を代行
宗旨・宗派	寺院の宗旨・宗派に従う（＝檀家契約が必要）	宗旨・宗派不問	宗旨・宗派不問（納骨時は不問でも納骨後に管理寺院への入檀規定がある場合も）

購入したお墓の種類と平均購入価格

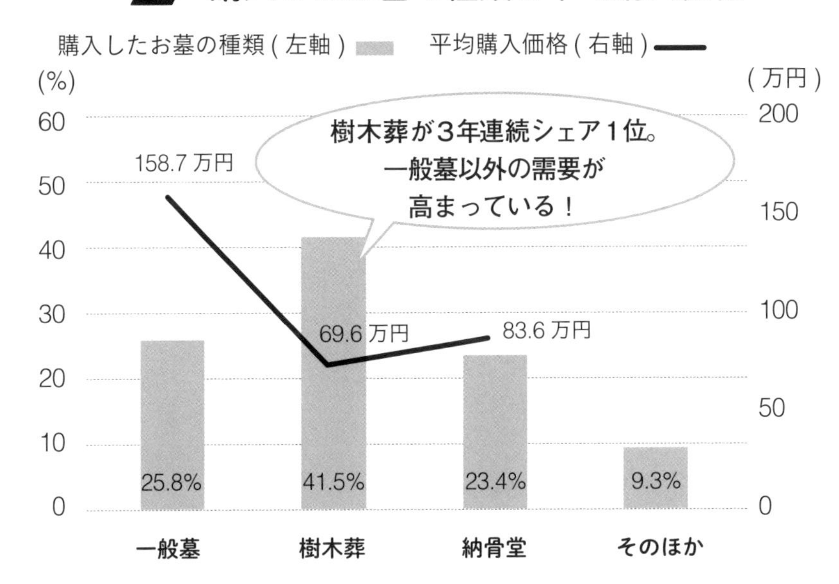

出所：株式会社鎌倉新書「第13回お墓の消費者全国実態調査（2022）」

「墓じまい」には「改葬」と、「墓処分」の2つの選択肢

墓処分＆改装したい人

なるべく早く

墓じまいとは、今あるお墓から遺骨を取り出し、お墓を処分して更地にしてしまうことを意味します。「お墓の承継者がいない」「お墓が自宅から遠く、管理が難しい」といった理由で、この墓じまいが行われるケースが増えているようです。

墓じまいの方法は「改葬」と「墓処分」の2つに大きく分けられます。改装は今あるお墓を処分したあと、別の土地に新たなお墓を立てるか、既存のお墓を用意してそこへ遺骨を引っ越しさせます。墓処分は新たにお墓を立てることなく今あるお墓を処分してしまうことを指します。その際残った遺骨は、同じ墓地にある永代供養の合祀墓に納骨したり、散骨したりすることになります。お墓の処分後、引き続きお墓を必要とするかどうかで、改葬か墓処分を選ぶことになります。

墓じまいをする際は、寺院への感謝の気持ちを示す離檀料や法要の費用がかかります。また、遺骨の取り出しや墓石の処分は専門の石材店が行うため、事前に費用の確認を行っておきましょう。

お墓の片付け「墓じまい」の2つの方法

	どんな人？	墓や遺骨の対応方法
改葬 （お墓の引っ越し）	墓が遠方にあり、管理しづらいが、お墓は残したいという場合など	●新しいお墓を購入 ●永代供養墓を契約
墓処分 （お墓を片付ける）	承継者がおらず、お墓を片付けたいという場合など	●散骨する ●寺内の永代供養墓に入れてもらう

墓じまいにかかる費用の目安

※境内墓地の例

寺院に支払う費用	**離檀料**	3万〜15万円
	閉眼法要の費用	5万〜15万円
石材店などに支払う費用	**遺骨の取り出し**	一柱1万〜5万円
	墓石撤去	10万円程度／1㎡

被相続人法務太郎法定相続情報の見本

法定相続情報一覧図の写しは、偽造防止措置の施された専用紙で法務局が作成します。

（記載例）

法定相続情報番号0000-00-00000

手順1
管理・保管は、登記所の管轄。番号を振られます

被相続人法務太郎法定相続情報

最後の住所　○県○市○町○番地
出生　昭和○年○月○日
死亡　令和○年○月○日
（被相続人）
法　務　太　郎

住所　○県○市○町○番地
出生　昭和○年○月○日
（妻）
法　務　花　子

住所　○県○市○町○番地
出生　昭和○年○月○日
（長男）
法　務　一　郎　（申出人）

住所　○県○市○町○番地
出生　昭和○年○月○日
（長女）
相　続　促　子

住所　○県○市○町○番地
出生　昭和○年○月○日
（養子）
法　務　　進

以下余白

手順3
一覧が2ページ以上にわたることも想定して、ページ数を振られます

手順2
申出の日付、一覧図の写しの発行日のほか、認証文、登記所名、登記官印などが記されます

作成日：○年○月○日
作成者住所：○県○市○町○番地
作成者氏名：○○○○　　印

これは、○年○月○日に申出のあった当局保管に係る法定相続情報一覧図の写しである。

○年○月○日
○○法務局○○出張所
登記官　　○○　○○　　職印

注）本書面は、提出された戸除籍謄本等の記載に基づくものである。相続放棄に関しては、本書面に記載されない。また、被相続人の死亡に起因する相続手続及び年金等手続以外に利用することはできない。

整理番号S00000　1／1

法定相続情報一覧図の保管及び交付の申出書

提出する管轄の登記所は、法務局のアドレスから調べられます。

別記第1号様式

法定相続情報一覧図の保管及び交付の申出書

（補完年月日　令和　　年　　月　　日）

申出年月日	令和　　年　　月　　日	法定相続情報番号	-　-
被相続人の表示	氏　　名 最後の住所 生年月日　　　年　　月　　日 死亡年月日　　　年　　月　　日		
申出人の表示	住所 氏名 連絡先　　ー　　ー 被相続人との続柄　（　　　　　　）		
代理人の表示	住所（事務所） 氏名 連絡先　　ー　　ー 申出人との関係　□法定代理人　□委任による代理人		
利用目的	□不動産登記　□預貯金の払戻し　□相続税の申告 □年金等手続　□その他（　　　　　　）		
必要な写しの通数・交付方法	通　（　□窓口で受取　□郵送　） ※郵送の場合，送付先は申出人（又は代理人）の表示欄にある住所（事務所）となる。		
被相続人名義の不動産の有無	□有 □無 （有の場合，不動産所在事項又は不動産番号を以下に記載する。）		
申出先登記所の種別	□被相続人の本籍地　□被相続人の最後の住所地 □申出人の住所地　□被相続人名義の不動産の所在地		

上記被相続人の法定相続情報一覧図を別添のとおり提出し，上記通数の一覧図の写しの交付を申出します。交付を受けた一覧図の写しについては，相続手続においてのみ使用し，その他の用途には使用しません。

申出の日から３か月以内に一覧図の写し及び返却書類を受け取らない場合は，廃棄して差し支えありません。

（地方）法務局　　　　支局・出張所　　　　宛

※受領確認書類（不動産登記規則第２４７条第６項の規定により返却する書類に限る。）
戸籍（個人）全部事項証明書（　通），除籍事項証明書（　通）　戸籍謄本（　通）
除籍謄本（　通），改製原戸籍謄本（　通）　戸籍の附票の写し（　通）
戸籍の附票の除票の写し（　通）住民票の写し（　通），住民票の除票の写し（　通）

受領	確認1	確認2	スキャナ・入力	交付

受取

戸籍謄本・住民票・印鑑証明書の取得リスト

戸籍謄本・住民票・印鑑証明書の提出が求められる、主な手続をリストアップしました。該当する手続を洗い出して、何の書類がどれだけ必要か、確認しましょう。

※リストの項目は主要な手続のみです。該当ページは24〜27ページの手続リストをご参照ください

落ち着いたら行う諸手続

チェック	手続の種類	戸籍謄本	住民票
□	固定電話の契約名義変更、支払方法の変更	故人が亡くなったことがわかるもの、故人と申請者の関係がわかるもの	—
□	住宅ローンの団体信用生命保険の申請	—	故人（除票）
□	不動産の抵当権の抹消手続 ※相続登記後に行う	—	—
□	生命保険金（死亡保険金）の請求	故人が亡くなったことがわかるもの	—

社会保険に関する手続

チェック	手続の種類	戸籍謄本	住民票
□	年金受給を止める（年金受給権者死亡届）	亡くなったことがわかるもの（戸籍抄本や死亡診断書のコピーでも可）	—
□	未支給年金の請求	故人と請求者の関係がわかるもの（抄本でも可能）	故人（除票）と請求者の世帯全員
□	高額療養費の請求	故人と請求者の関係がわかるもの	—
□	遺族基礎年金・遺族厚生年金の請求	故人が亡くなったことがわかるもの、故人と請求者の関係がわかるもの	故人（除票）と請求者の世帯全員（マイナンバー記入で不要）
□	寡婦年金の裁定請求（国民年金）	故人と請求者の関係がわかるもの	故人（除票）と請求者の世帯全員（マイナンバー記入で不要）
□	死亡一時金の裁定請求（国民年金）	故人と請求者の関係がわかるもの	故人（除票）と請求者の世帯全員（マイナンバー記入で不要）
□	児童扶養手当の申請	請求者と児童が載っているもの	—

遺産相続・その他の手続

チェック	手続の種類	戸籍謄本	住民票	印鑑証明書
□	銀行などから残高証明書を取得	故人が亡くなったことがわかるものと、相続人のもの	—	相続人のもの
□	相続放棄をする（もしくは限定承認）	故人が亡くなったことがわかるものと、放棄する人のもの	故人（除票）。戸籍附票も可能	—
□	遺産分割調停の申立	故人の出生から死亡まですべての戸籍謄本（除籍、改製原戸籍など）と、相続人全員の現在戸籍	相続人全員ぶん。戸籍附票も可能	—

チェック	手続の種類	戸籍謄本	住民票	印鑑証明書
□	不動産の名義変更（所有権移転登記）	故人の出生から死亡まですべての戸籍謄本（除籍、改製原戸籍など）と、相続人全員の現在戸籍	故人（除票）と新所有者。戸籍附票も可能	相続人全員ぶん
□	預金の解約	故人の出生から死亡まですべての戸籍謄本と、相続人全員ぶん（遺言書があれば全員ぶんは不要）	—	相続人全員ぶん（遺言書があれば全員ぶんは不要）
□	金融商品の解約・払い戻し	故人の出生から死亡まですべての戸籍謄本（除籍、改製原戸籍など）と、相続人全員ぶん	—	相続人全員ぶん
□	自動車・オートバイの名義変更	故人が亡くなったことがわかるものと、相続人全員ぶん（軽自動車はいずれも不要）	—	相続人全員か新所有者のみ（状況で異なる）

column

3

戸籍ワンポイント用語辞典

知っているようで知らない戸籍に関する専門用語をまとめました

Q 戸籍謄本・抄本の違いは?

A 戸籍には家族の全員の情報が載っています。そのすべてをコピーしたのが「戸籍謄本」(全部事項証明)。一個人の部分だけをコピーしたのが「戸籍抄本」です(個人事項証明)。

Q 除籍謄本とは?

A 戸籍に載っていた人が結婚や死亡などですべていなくなった状態の戸籍謄本のこと。故人が削除されても、戸籍に載っている家族の誰かが残っていれば、除籍謄本とは呼びません。この場合は、戸籍謄本を取得すれば、亡くなった事実を証明できます。

Q 改製原戸籍とは?

A 戸籍は法改正などで書き換えられることがありますが、その書き換えられる前の戸籍のことです。

Q 住民票の除票とは?

A かつて住んでいた場所の住民票。2019年に改正があり、除票という形で取得できる期間が転出してから150年間となりました。

3
章

年金関係の手続をすませる

受給停止

対象者はすみやかに受給停止を未支給年金があれば同時に請求手続を行う

該当者 全員（未支給年金請求は未支給ぶんがあった人）

期限 できるだけ早く

年金関係の手続には、さまざまな種類があります。

まず、故人が年金を受給していたり、年金を受給している遺族の加算の対象者であったりした場合、年金の受給を止めてもらう必要があります。手続しなければ、亡くなったあとにも年金が支払われ、後日、返金しなくてはなりません。

一方、故人がまだ受け取っていなかった年金や、亡くなった日よりあとに振り込まれた年金のうち、亡くなった月ぶんまでの年金は、「未支給年金」として、故人と生計を同じくしていた遺族が受け取ることができます。年金は年に6回支払われるのですが、後払いになっているため、仮に3月に亡くなった場合は2月と3月ぶんが「未支給年金」となります。また、問い合わせで、未支給年金が見つかる場合があります。過去5年の未支給ぶんは受け取る権利があるので、その請求も同時に行いましょう。

また、日本年金機構に個人番号（マイナンバー）を登録している人は、原則として「年金受給権者死亡届（報告書）」を省略することができます。

年金受給をストップするには？

申請先	最寄りの年金事務所、または街の年金相談センター
申請できる人	①生計を同じくしていた親族。いない場合は、その他の親戚や同居人、家主でも可能 ②年金受給者
申請書類	①年金受給権者死亡届（年金受権者が亡くなったとき） ②加算額・加給年金額対象者不該当届（年金受給者の加算対象者が亡くなったとき）
その他必要な書類	①故人の年金証書、死亡の事実を明らかにできる書類（戸籍抄本、死亡診断書のコピー、住民票など） ②なし

未支給年金を請求するには？

申請先	最寄りの年金事務所、または街の年金相談センター
申請できる人	故人と生計を同じくしていた（1）配偶者　（2）子　（3）父母　（4）孫　（5）祖父母　（6）きょうだい　（7）３親等内の親族。上の順位の人が優先して受給する。同じ順位の人が２人以上いる場合、１人にまとめて受給する
申請書類	未支給年金・未支払給付金請求書
その他必要な書類	故人の年金証書、故人と請求者の身分関係を明らかにできる書類（請求者の戸籍謄本または法定相続情報一覧図の写しなど）、故人の住民票（除票）と請求者の世帯全員の住民票の写し※、受け取りを希望する金融機関の通帳（コピー可）、生計同一関係に関する申立書（故人と別世帯に住む人が請求する場合）など

※故人の住民票（除票）は、請求者の世帯全員の住民票に含まれている場合は不要。またマイナンバーの記入で、請求者の世帯全員の住民票の写しの添付を省略できます

遺族年金・総論

一家の大黒柱が亡くなったとき遺族は「遺族年金」を受給できる

該当者 故人に生計を維持されていた人

期限 年金は5年、一時金は2年以内

年金の受給停止や未支給年金の手続がすんだら、「遺族年金」の申請をしましょう。

遺族年金は、遺族なら誰でも受けられる、というわけではありません。受給できるのは、原則的に、故人に生計を維持されていた家族です。将来にわたり、遺族が年収850万円を得られない場合、故人が亡くなったときに年収が850万円以上あっても、5年以内に850万円未満になると認められた場合は、受給資格が得られます。ほかにも、子どもの有無など、さまざまな条件があります。

遺族年金は、故人が加入していた年金によって、受給できるものが異なります。故人が国民年金に加入していた場合は「遺族基礎年金」、厚生年金に加入していた場合は「遺族基礎年金」と「遺族厚生年金」の双方が得られます。

もし、遺族年金の受給条件を満たしていなくても、国民年金の場合は「寡婦(かふ)年金」か「死亡一時金」を受給できることがあります。また、厚生年金の場合は、「中高齢寡婦加算」や「経過的寡婦加算」が加算されることがあります。

遺族が受給できる年金や一時金の種類

故人の状況	遺族が受給できる可能性のある年金・一時金
国民年金に加入していた （主に自営業）	遺族基礎年金　→86～87ページ 寡婦年金　→94ページ 死亡一時金　→94ページ
厚生年金に加入していた （主に会社員）	遺族基礎年金＋遺族厚生年金 →86～89ページ 中高齢寡婦加算 →96～97ページ
老齢基礎年金の受給権者 （受給資格期間が10年以上あること。原則65歳以上だが、60～64歳も含む）	遺族基礎年金　→86～87ページ
老齢厚生年金の受給権者 （受給資格期間が10年以上あること。原則65歳以上だが、60～64歳も含む）	遺族基礎年金＋遺族厚生年金 →86～89ページ 中高齢寡婦加算 →96～97ページ

遺族基礎年金

該当者　故人が国民年金に加入していた人

期限　できるだけ早く

故人が国民年金加入者なら「遺族基礎年金」遺族は、年間79・5万円+αを受給できる

遺族基礎年金は、故人が国民年金に加入していた場合に、遺族に支払われる遺族年金です。故人が国民年金保険料を支払っていたか、すでに老齢基礎年金の受給資格を満たしていた場合に、受給する権利が得られます。遺族基礎年金を受け取ることができるのは、子どものいる故人の配偶者か、故人の子どものいずれかです。

子どもの場合は18歳の年度末まであるいは20歳未満の障害1・2級でいずれも未婚であることなどの条件があります。

金額は、子どものある配偶者の場合は、年間79万5000円+子どもの加算額（人数ぶん）。また、子どもの場合は、年間79万5000円+子の加算額（人数ぶん。2人目以降から）を、子どもの人数で割った額が、子どもたちに支給されます。子どもの加算額は、1人目と2人目の場合は22万8700円、3人目以降が7万6200円です。

以上の金額は2023年4月から適用されていますが、たびたび変更があるので、その都度確認するようにしてください。

遺族基礎年金を受給できる人は？

故人の条件	・国民年金に加入している間に亡くなった人 ・過去に国民年金に加入したことがあり、亡くなった際に日本国内に住所があり、かつ60歳以上65歳未満であった人 ・老齢基礎年金の受給権者 （65歳以上で、受給資格期間が25年以上あること） ・老齢基礎年金の受給資格期間を満たしている人 （65歳未満だが、受給資格期間が25年以上あること）
受給できる人	死亡した者によって生計を維持されていた、 (1) 子のある配偶者 (2) 子 ※子とは以下の者に限る 18歳到達年度の末日(3月31日)を経過していない子 20歳未満で障害年金の障害等級1級または2級の子
金額	・795,000円＋子の加算 ※子の加算　第1子・第2子：各228,700円、第3子以降：各76,200円 (注)子が遺族基礎年金を受給する場合の加算は第2子以降について行い、子1人あたりの年金額は、上記による年金額を子どもの数で除した額

申請するには？（遺族基礎年金・遺族厚生年金に共通）

申請先	遺族基礎年金のみに該当する場合は市区町村役場 上記以外の申請は、最寄りの年金事務所か 街の年金相談センター
申請書類	年金請求書
その他必要な書類	①故人と請求者の年金手帳、戸籍謄本（記載事項証明書。亡くなってから6カ月以内に交付されたもの） ②世帯全員の住民票の写し（死亡者の住民票の除票も。できるだけ住民票コードの記載があるもの） ③請求者の収入が確認できる書類（所得証明書、源泉徴収票など） ④受取先金融機関の通帳かキャッシュカード（コピー可） ⑤印鑑（認印ＯＫ） ⑥死亡診断書のコピーなど

※②および③はマイナンバーの記入により不要に

遺族厚生年金

故人が厚生年金加入者なら「遺族厚生年金」年金額の4分の3を受給できる

該当者 故人が厚生年金に加入していた人

期限 できるだけ早く

一方、遺族厚生年金は、故人が会社に勤めていて、厚生年金に加入していた場合に、遺族に支払われる年金です。公務員などで共済年金に入っていた場合も、こちらに含まれます。故人が会社を退職し、老齢厚生年金の受給資格を満たしていた場合にも、遺族は受給する権利があります。

年金を受け取ることができる人は、故人によって生計を維持されていた家族であるという点は、遺族基礎年金と同様ですが、範囲は少し広がります。妻や子どもはもちろん、場合によっては55歳以上の夫や父母・祖父母、孫なども可能です。

なお、18歳の年度末まで（もしくは20歳未満で、障害1・2級）の子どもか、そうした子どものいる妻は、遺族基礎年金もあわせて受けられます。

毎年受け取ることができる年金額は報酬比例の年金額の4分の3です。

会社勤めと自営業の期間が両方ある人の場合、老齢厚生年金の受給資格期間が25年以上あれば、遺族厚生年金の対象となります。

夫（会社員）に先立たれたときの妻の遺族厚生年金は？

CASE1 夫は会社員、妻は専業主婦だった場合

試算例：夫　年収 500 万円、厚生年金 40 年加入。
専業主婦の妻は国民年金 40 年加入。

夫：老齢厚生年金 月9.2万円 ＋ 老齢基礎年金 月6.5万円
妻：老齢基礎年金 月6.5万円
＝ 月22.2万円

夫が死亡

妻：遺族厚生年金 月6.9万円 ＋ 老齢基礎年金 月6.5万円 ＝ 月13.4万円

夫の老齢厚生年金
の 4 分の 3（75%）

妻の老齢基礎年金に夫の
老齢厚生年金の4分の3が
「遺族厚生年金」として上乗せ

CASE2 夫婦とも会社員だった場合（妻のほうが夫より年金額が多い場合）

試算例：夫　年収 400 万円、妻　年収 550 万円、
厚生年金 40 年加入。

夫：老齢厚生年金 月7.2万円 ＋ 老齢基礎年金 月6.5万円
妻：老齢厚生年金 月10万円 ＋ 老齢基礎年金 月6.5万円

＝ 月30.2万円

夫が死亡

夫婦共に現役時代に
会社員で、妻のほうが夫より
老齢厚生年金額が多い場合は、
夫の遺族厚生年金は受け取れない

妻：老齢厚生年金 月10万円

老齢基礎年金 月6.5万円 ＝

月16.5万円

遺族厚生年金は
出ない

遺族補償年金

仕事中の事故で亡くなったら「遺族補償年金」こまかい要件を確認しよう

該当者　故人が仕事中の事故で亡くなった場合

期限　できるだけ早く

故人が、仕事中の事故で亡くなった場合は、会社で加入している労災保険から、遺族に対して「遺族補償年金」が支給されます。

対象になるのは、故人の収入で生計を維持されていた配偶者、子、父母、孫、祖父母、きょうだい。妻以外にはこまかい支給の要件があります。たとえば、子の場合は18歳年度末まで、夫や父母などは55歳以上であることが条件で、優先順位が上の人がいると、下の人はもらえません。

金額は、遺族の人数によって異なります。たとえば、遺族が2人なら給付基礎日額（労働基準法の平均賃金相当額）の201日ぶん、3人なら223日ぶんです。ただし、支給要件に当てはまる人がいない場合でも、遺族補償一時金が支給されることがあります。

通常は会社側が手続をしますが、万が一会社が何もしないようなら、会社の管轄地にある労働基準監督署に問い合わせたほうがよいでしょう。

「遺族補償年金」のしくみとは？

遺族補償年金の支給金額一覧表

遺族の数	年金額
1人	給付基礎日額の153日ぶん。 ただし、その遺族が55歳以上の妻、または一定の障害の状態にある妻の場合は、給付基礎日額の175日ぶん
2人	給付基礎日額の201日ぶん
3人	給付基礎日額の223日ぶん
4人以上	給付基礎日額の245日ぶん

給付基礎日額とは

給付基礎日額とは、労働基準法の平均賃金相当額のこと。故人が亡くなる前の３カ月間に支払われた賃金の総額を、その期間の総日数（休日なども含む）で割って算出する。つまり、過去３カ月間の１日当たりの賃金額となる

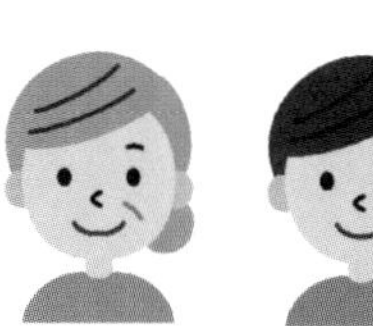

遺族が２人いて、
給付基礎日額が
1万5,000円だと
したら……

1万5,000円×201日ぶん＝301万5,000円
が支払われる

確認事項 / 7～14日以内 / 1～4カ月以内 / 年金関係 / 遺産相続 / 相続税の申告 / 相続・名義変更 / 生前の用意

年金併給の条件

該当者 故人が複数の年金受給資格をもっていた人

期限 できるだけ早く

原則的に、遺族年金は1つしか受け取れない ただし例外あり

年金制度にはさまざまなものがありますが、原則的には1人につき、1つの年金しか受けられません。もし、2つ以上の年金を受け取る併給の資格を持っている場合でも、どちらか片方を選ばなければいけないというルールがあります。

左ページに考えられる組み合わせをまとめてみました。ほとんどのケースでは、受給金額が高いほうを選ぶようです。

その際、片方を選んだあとも、外したほうの年金を受給する権利はもち続けているので、あとから、外した年金のほうが多く支給されるようになった場合は、切り替えることができます。

ただし、例外的に2つの年金を同時に受けられることもあります。遺族が受ける年金については、「遺族厚生（共済）年金＋老齢基礎年金」「遺族厚生（共済）年金＋障害基礎年金」がその代表的な例です。「1人1年金」だと思い込んでいると申請漏れが起きるので、現状がどうなっているのかを確認しましょう。

同時に受けられる年金・受けられない年金とは？

どちらか1つしか受けられない

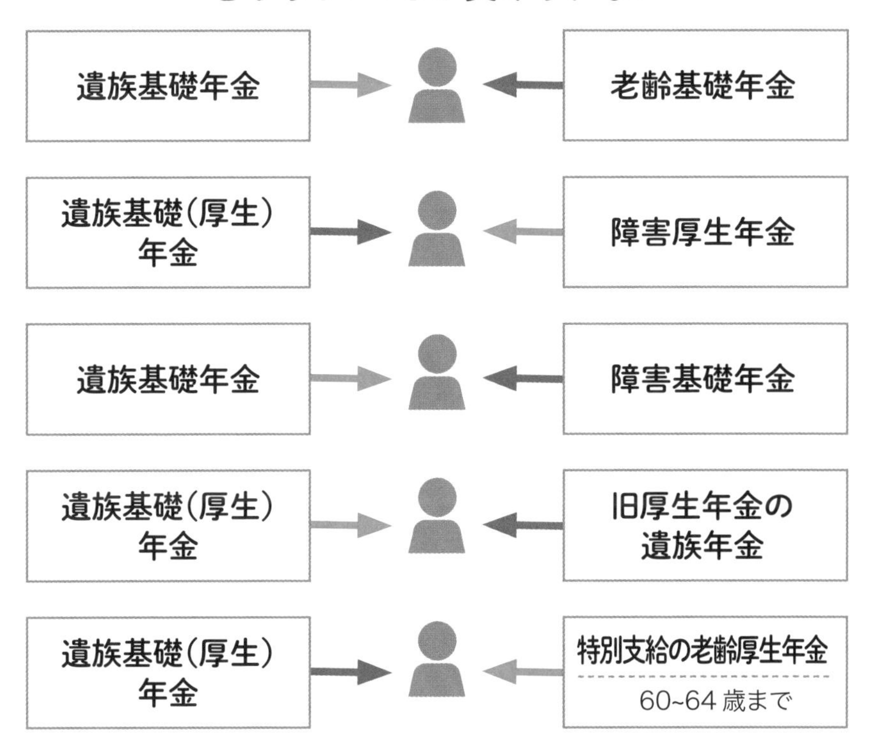

両方とも受けられる（併給）

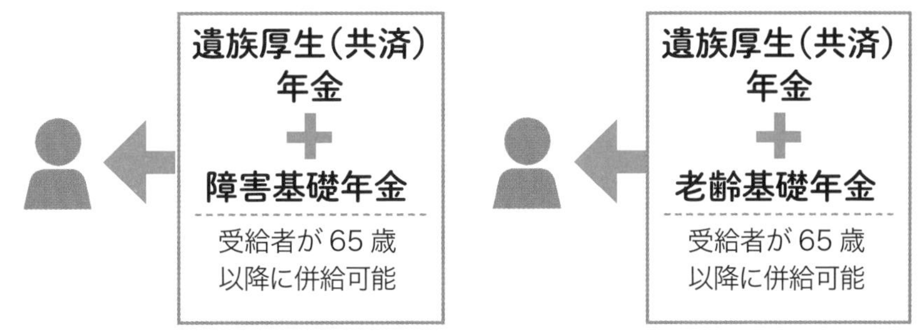

※年金受給選択申出書の提出が必要

寡婦年金・死亡一時金

遺族基礎年金が受けられなくても「寡婦年金」か「死亡一時金」が受けられることも

該当者 故人が国民年金に加入していた人

期限 5年（寡婦年金）、2年（死亡一時金）

遺族基礎年金の条件を満たすことができなかった場合でも、「寡婦年金」か「死亡一時金」のどちらかを受けられる可能性があります。

「寡婦年金」とは、亡くなった夫が、国民年金の保険料を10年以上納めていた場合、60〜64歳の妻が受けられる可能性のある年金です。「10年以上継続して婚姻関係にあり、生計を維持されていた」「夫が老齢基礎年金・障害基礎年金を受けたことがない」などの条件を満たしていれば、受給できます。金額は人によって異なります。

また、「死亡一時金」は、故人が、国民年金の保険料を36カ月以上納めていた場合に、故人と生計を同じくしていた遺族が受けられる年金。老齢基礎年金・障害基礎年金を受けることなく亡くなっていることがその条件です。

受けられるのは、順に①配偶者 ②子 ③父母 ④孫 ⑤祖父母 ⑥きょうだいとなり、丸数字の小さい人が優先されます。金額は保険料を納付した期間によって異なり、12〜32万円です。両方の条件を満たしている場合は、どちらか片方を選びます。

寡婦年金を受給するには?

受給できる人	亡くなった夫	●国民年金の第1号被保険者として保険料を納めた期間(免責期間含む)が10年以上ある ●老齢基礎年金、障害基礎年金を受けたことがない
	亡くなった夫の妻	●10年以上継続して婚姻関係にある ●65歳未満 ●老齢基礎年金を繰り上げて受給していない
	給付対象期間	妻が60歳から64歳まで
請求書の提出方法	請求書	国民年金寡婦年金裁定請求書
	提出する人	亡くなった人の配偶者
	給付対象期間	住所地の市区町村役場の窓口 年金事務所、または年金相談センターでも可
	提出先	亡くなった日の翌日から5年
	給付対象期間	●亡くなった人の年金手帳 ●亡くなったことを証明するもの ●届出人と亡くなった人の関係が記載されている戸籍謄本 ●世帯全員の住民票の写し(できるだけ住民票コードがあり、個人番号記載のないもの)※ ●請求者の収入が確認できる書類(所得証明書、源泉徴収票など)※ ●届出人の振込先の口座が確認できるもの(通帳など) ●届出人の印鑑

死亡一時金を受給するには?

受給できる人	亡くなった夫	●国民年金の第1号被保険者として保険料を納めた期間(免責期間含む)が36カ月以上ある ●老齢基礎年金、障害基礎年金を受けたことがない
	受給対象者	亡くなった人と生計を一にした家族
	受給順位	配偶者⇒子⇒父母⇒孫⇒祖父母⇒兄弟姉妹
請求書の提出方法	請求書	国民年金死亡一時金請求書
	提出する人	生計を一にしていた家族
	提出先	住所地の市区町村役場の窓口 年金事務所、または年金相談センターでも可
	期限	亡くなった日の翌日から2年
	必要な書類等	●亡くなった人の年金手帳 ●届出人と亡くなった人の関係が記載されている戸籍謄本 ●届出人と亡くなった人の住民票の写し(個人番号は記載のないもの)※ ●届出人の振込先の口座が確認できるもの(通帳など) ●届出人の印鑑

※マイナンバーの記入で添付を省略できます

寡婦加算

該当者 18歳以下の子どものいない故人の妻、ほか

期限 できるだけ早く

小さな子どものいない妻は遺族厚生年金に、一定金額が加算される

厚生年金の被保険者だった夫が亡くなった場合、残された妻には遺族厚生年金が支払われることはすでに述べましたが、条件によっては、さらに受給額が加算されることがあります。

遺族厚生年金に加算されるのが、「中高齢寡婦加算」です。子どもが18歳到達時（1級・2級障害がある場合は20歳到達時）に遺族基礎年金が支給停止になった40歳以上の妻のほか、夫が亡くなったときに子どものいない40歳以上（64歳まで）の妻に、59万6300円（定額）が65歳になるまで支給される仕組み。妻が65歳になると、自分の老齢基礎年金を受け取れるようになるので、中高齢寡婦加算はなくなります。

中高齢寡婦加算は、遺族厚生年金に加算されるものなので、大前提として遺族厚生年金を受け取っていることが必須となります。そのため、自営業者家族などは子どもが18歳以降、妻が自分の老齢基礎年金を受け取れるまで給付がなくなる期間が発生することになります。

夫に万一のことがあったときの公的保障はどれくらい？

計算条件

子ども 2 人の場合。会社員家庭は、死亡した夫の平均標準報酬額は 41.7 万円（平均年収 500 万円 ÷12 月）、厚生年金加入期間は 25 年間で計算。年金額の計算上、賞与を含まない総報酬制導入前（2003 年 3 月まで）は、平均標準報酬月額 32.1 万円として計算（賞与分は全月給の 30% として除外）。

会社員家庭の場合

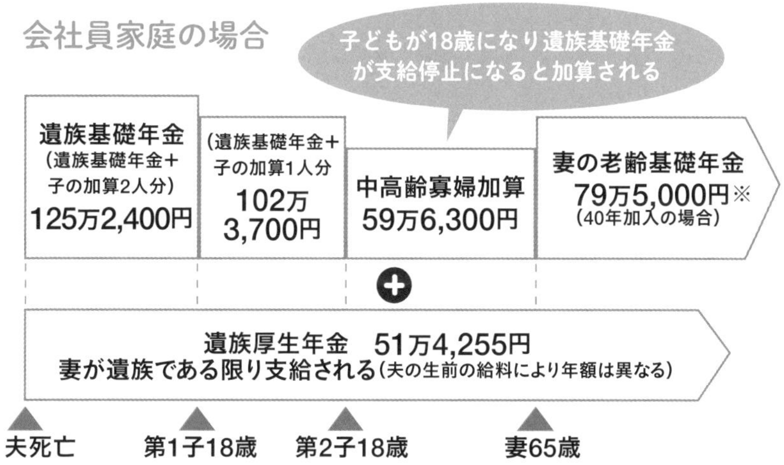

子どもが18歳になり遺族基礎年金が支給停止になると加算される

夫死亡〜第1子18歳	第1子18歳〜第2子18歳	第2子18歳〜妻65歳	妻65歳〜
遺族基礎年金（遺族基礎年金＋子の加算2人分）125万2,400円	（遺族基礎年金＋子の加算1人分 102万3,700円	中高齢寡婦加算 59万6,300円	妻の老齢基礎年金 79万5,000円※（40年加入の場合）

遺族厚生年金　51万4,255円
妻が遺族である限り支給される（夫の生前の給料により年額は異なる）

夫死亡　第1子18歳　第2子18歳　妻65歳

自営業者家庭の場合

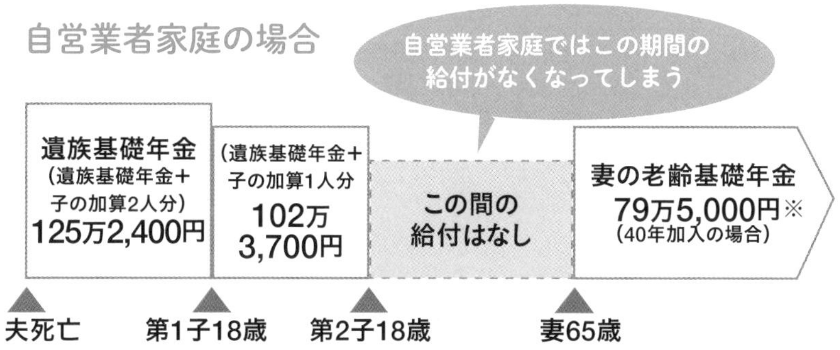

自営業者家庭ではこの期間の給付がなくなってしまう

夫死亡〜第1子18歳	第1子18歳〜第2子18歳	第2子18歳〜妻65歳	妻65歳〜
遺族基礎年金（遺族基礎年金＋子の加算2人分）125万2,400円	（遺族基礎年金＋子の加算1人分 102万3,700円	この間の給付はなし	妻の老齢基礎年金 79万5,000円※（40年加入の場合）

夫死亡　第1子18歳　第2子18歳　妻65歳

※子ども 3 人目以降は 1 人につき 7 万 6,200 円がプラスされます。給付される期間はそれぞれの子どもが 18 歳になった年度末まで。2023 年度の年金額

※昭和 31 年 4 月 1 日以前生まれは基礎年金が 79 万 2600 円

児童扶養手当

ひとり親家庭は児童扶養手当をチェック
遺族年金と両方受けられることも

該当者 18歳以下の子か、その子を養育する親など

期限 できるだけ早く

配偶者が亡くなったひとり親家庭は、「児童扶養手当」を受けられる可能性があります。以前は子どもを養育する親や祖父母が遺族年金などの公的年金を受給していると、受けられませんでしたが、2014年12月からは、年金額が児童扶養手当の額よりも低ければ、その差額が受けられることになりました。

具体的には、次のような家庭は、児童扶養手当が受けられる可能性があります。

・子どもを養育している祖父母等が、低額の老齢年金を受給している
・父子家庭で、子どもが低額の遺族厚生年金のみを受給している
・母子家庭で、離婚後に父が死亡。子どもが低額の遺族厚生年金のみを受給している

金額は児童の数や所得によって異なります。一定の所得制限を超えていると手当は受けられませんが、受けられれば生活の大きな助けとなるでしょう。

申請は市区町村役場で受け付けています。必要なものや添付書類は市区町村によって違うのでそれぞれ問い合わせてください。

児童扶養手当はどのくらい支給されるのか？

区分	全額支給	一部支給
児童1人のとき	月額 4万4,140円	所得に応じて 月額1万410円〜4万4,130円の範囲で決定
児童2人のとき	月額 5万4,560円	所得に応じて月額1万5,620円〜5万4,550円の範囲で決定
児童3人以上のとき	児童1人増すごとに月額6,250円を加算	児童1人増すごとに月額3,130円〜6,240円を加算

※支給額は改定により変動することがあります。

児童扶養手当の所得制限額

区分	2020年度（2019年ぶん）所得		
	受給資格者 （父、母、養育者など）		受給資格者の配偶者・扶養義務者
	全部支給の場合	一部支給の場合	
0人	49万円未満	192万円未満	236万円未満
1人	87万円未満	230万円未満	274万円未満
2人	125万円未満	268万円未満	312万円未満
3人	163万円未満	306万円未満	350万円未満

※4人目以降は1人につき38万円ずつ加算

column

4

内縁関係でも、遺族年金は受けられる?

内縁関係だった“夫”が亡くなってしまった……。こうしたとき、残された“妻”は、遺族年金を受けられるのでしょうか。

答えは「可能性はあります」。実は、法的に籍を入れていなくても、「社会通念上、夫婦としての共同生活がある」と認められる場合は、遺族年金が受給できます。

もし、“夫”と“妻”が、籍は入れていなくても同一世帯であれば、通常の遺族年金請求に加え「事実婚関係及び生計同一関係に関する申立書」を添付することにより、受給の可能性が上がります。また、世帯は違うけれども、住民票上で同じ住所であるといった場合も同様の条件で、遺族年金の受給の可能性があります。

なお、離婚をした夫婦が、その後も同居して、一緒に生活をしていた場合も同様で、遺族年金を受給できる可能性があるので申請してみましょう。

このような場合、夫婦同様の関係だった旨の遺言書があれば、あわせて提出するとよいでしょう。

4
章

遺産相続についての基礎知識

相続税の申告が必要な場合、遺産相続に費やせる期間は10カ月

該当者　全員

期限　できるだけ早く

遺産相続は、被相続人（故人）が亡くなった日がスタート、10カ月後の相続税申告がゴールです。そのため、亡くなった日を「相続が開始された日」と表現することがあります。10カ月後といっても49日は喪に服すため、実際は8カ月あまりです。左ページでおおまかな流れを押さえておきましょう。

まずは遺言書の有無を確認し、あった場合は検認に出します。そして故人が生まれてから亡くなるまでの戸籍を取り寄せ、法的に相続権をもつ人数を確定します。次に遺産目録をつくります。そして遺産を相続するか放棄するかを決めて、放棄する場合は相続が発生した日から3カ月以内に手続をします。

次に、準確定申告を行います。また、遺言があった場合はその内容と遺留分、ない場合は法定相続分に基づいて、財産をどう分けるかを協議し、書類にまとめます。最後に、正味相続財産が基礎控除額を超えていた場合は相続税を計算し、相続税の申告・納付手続を行います。

遺産相続の流れ

手続き	時期	ポイント
遺言書の捜索と中身の確認		相続では遺言書が優先する
相続人の確定	49日以降	隠し子や異母きょうだいなど、想定外の相続人が出てくることも
遺産目録の作成		家屋内にあるものだけでなく、金融機関や固定資産税課などにも連絡・調査依頼を
相続放棄	3カ月以内	3カ月を過ぎると放棄できなくなる
所得税準確定申告	4カ月以内	相続人全員で行う
相続人全員の話し合いと遺産分割協議書の作成		法定相続分に遺言が優先する
各種手続		その他、金融機関、不動産、自動車等の名義変更、解約等各種手続などを進める ※すべてを10カ月以内にする必要はない
相続税申告・納付手続	10カ月以内	相続税を計算し、申告、納付手続を行う

相続財産のリスト化

該当者
全員

期限
できるだけ早く

金融資産、不動産、貴金属、美術品…雑多な遺産を整理するには目録が必要

相続財産の分割を円滑に進めるためには、しっかりとした相続財産の目録をつくる必要があります。故人がどんな財産をもっていたのか、左ページのような表にして一つひとつ書き出していきます。これにより故人の具体的な財産がわかるのと同時に、プラスの財産とマイナスの財産（借金）とどちらが多いのかもわかります。漏れがないように故人の財産を把握することが重要です。

それでは、どんなものが相続財産として扱われるのでしょうか。

まずは、不動産。一般にもっとも金額が張る相続財産だといわれており、自宅、別荘、収益物件などが入ります。そして金融資産は、現金、預貯金、株式など。現金や預貯金などは金額がはっきりしているので、もっとも分割しやすい財産です。

そのほかにも、自動車、貴金属、美術品、著作権、特許権などがあります。

一方、マイナスの財産として、借入金や未払い金などがあります。プラスの財産を相続すると、マイナスの財産も一緒に相続することになるので注意しましょう。

相続財産の例

以下のようなリストに相続財産をまとめると、
財産の全体像が把握しやすい。

財産の種類	予想金額
自宅	万円
貸家	万円
別荘	万円
農地	万円
駐車場などの土地	万円
預貯金	万円
上場株式	万円
非上場株式	万円
投資信託	万円
ゴルフ会員権	万円
宝石・貴金属	万円
自家用車	万円
絵画	万円
著作権・特許権	万円
借入金	万円

遺言書

まずは遺言書があるかを確認
相続の手続は遺言書の有無で異なる

該当者　遺言書がある場合

期限　なるべく早めに

遺言書がなくても相続手続を進められますが、遺言書に書かれた内容が優先事項となります。遺産分割の協議を始める前に、まずは遺言書の有無を確認しましょう。

遺言書には、遺言者が遺言の内容を話し、公証人が文章をまとめて作成する「公正証書遺言」、遺言者が手書きで作成し、公証人が封印して保管する「秘密証書遺言」、遺言者が遺言の内容の全文（※）を手書きで作成する「自筆証書遺言」の3種類があります。遺言書の種類により、作成者、保管場所、検認の有無、必要な書類などが異なります。自筆証書遺言の場合、故人が自宅などに保管していることが多いですが、改ざんを疑われるなどのトラブルを避けるために、もし見つけた場合でも開封してはいけません。家庭裁判所で検認を受ける際に開封します。

偽造や紛失の恐れがあった自筆証書遺言ですが、2020年7月からは法務局で保管する制度がスタートし、全国どこの遺言書保管所（法務局）でも遺言書の閲覧を請求できるようになりました（235～236ページ参照）。

※一部手書きが認められるようになりました（110ページ参照）

3種類ある遺言書

	種類	作成者	置いてある場所	検認の要不要	必要な書類など
1	**公正証書遺言**	公証人	公証役場	不要	■遺言者の死亡が確認できる戸籍謄本 ■請求者が相続人であることを証明できる戸籍謄本 ■請求者の顔写真入り身分証明書・印鑑
2	**秘密証書遺言**	遺言者	自宅など	要	【検認に必要な書類】 ■家事審判申立書 ■遺言者の出生から死亡までの戸籍(除籍、改製原戸籍)謄本 ■相続人全員の戸籍謄本など
3	**自筆証書遺言**	遺言者	自宅など	要	【検認に必要な書類】 ■家事審判申立書 ■遺言者の出生から死亡までの戸籍(除籍、改製原戸籍)謄本 ■相続人全員の戸籍謄本など
			法務局	不要	法務局に保管の有無を問い合わせ、閲覧または交付を請求することができる。保管されていない場合はその旨を証明する書面が交付される

新たに法務局での管理もでき、検認も不要に！
(235-236ページ参照)

遺言書の検認

遺言書が見つかったら家庭裁判所で「検認」の申し立てをする

該当者
遺言書がある場合

期限
なるべく早めに

自宅などで自筆の遺言書を見つけることもあるかもしれません。その際は、決して開封せずに、故人の住所地を管轄する家庭裁判所へ提出し、検認の申し立てをする必要があります。遺言書は検認がすむまで開封厳禁。開封しても遺言書が無効になるわけではありませんが、5万円以下の過料が科されるので注意が必要です。

「検認」は遺言書の偽造や変造を防ぐための手続で、検認日に相続人や代理人の立ち合いのもと、裁判官が遺言書を開封します。あくまで検認日における遺言内容を明確にする手続であって、検認によって遺言書が有効か無効かを判断することはありません。

検認が終わるまでには、1~2カ月かかりますが、その間は遺言の内容がわからないので、相続の手続を進めることはできません。遺産総額によっては相続税の申告が必要ですが、申告期限は10カ月です。相続税の申告も考慮して、検認手続はすみやかに行うようにしましょう。

自筆証書遺言の検認までの流れ

1 自筆証書遺言を発見

遺言書の保管場所（一例）
■自宅、事務所
■貸金庫
■信託銀行
法務局に預けられている場合は検認不要

2 検認の申し立て

自筆証書遺言を保管していた人、または発見した相続人が申立人となって、被相続人の住所地を管轄する家庭裁判所に検認の申し立てをする

必要書類
・遺言書の検認申立書
・申立人、相続人全員の戸籍謄本
・被相続人の戸籍謄本（出生時から死亡時まで）
・印紙（遺言書１通につき800円）

3 検認期日の通知

検認を行う日時が確定すると、相続人全員に対して検認期日の連絡がある

4 検認

家庭裁判所にて、相続人あるいはその代理人、利害関係者らの立ち会いのもとで、保管されていた遺言書を裁判官が開封する。遺言書の書式、署名、日付、訂正の状態などを確認するとともに、相続人に対して遺言の存在及びその内容を告知する

5 「検認済証明書」の作成

遺言書原本に「検認済証明書」が添付され、申立人に返還される。検認済証明書が無いと不動産登記や銀行での預金払戻し等に応じてもらえないので必ず申請する

6 遺言の執行

自筆証書遺言

該当者 自筆証書遺言の場合

期限 ー

「自筆証書遺言」の一部が手書き不要に！

これまで自筆証書遺言では、遺言書に添付する「財産目録」も含めて、全文を遺言者自身の手書きでなければ無効でした。財産目録として、銀行口座や不動産の情報などを正確に手書きで残すことは、作業量が多いほか、書き写す際に間違えるなどの問題がありました。これが、２０１９年1月に自筆証書遺言の制度が改正され、相続財産の目録部分に限って、手書きでなくてもよいとされました。

具体的には、パソコンで財産目録を作成することが可能なほか、不動産登記簿謄本や通帳のコピーを財産目録として添付するなど、自書によらない書面の提出が可能です。添付する書類には、すべてのページに署名し、捺印します。ただし、遺言書本体については従来通り手書きで作成する必要があります。

様式が緩和されたことにより、遺言者の手間が格段に減ります。さらに、後々遺言をもとに遺産分割手続をする遺族にとっても、通帳のコピーなどがあったほうがわかりやすいと言えそうです。

自書によらない財産目録を添付することができるように！

遺言書

別紙目録一及び二の不動産を長男 法務一郎に、別紙目録三及び四の不動産を長女 法務花子に相続させる。

令和○年○月○日
法務太郎　印

○　パソコンで目録を作成
○　通帳のコピーを添付

＋

別紙目録

一　土地
所在　東京都・・・
地番　・・・
地目　・・・
地積　・・・
二　建物
所在　東京都・・・
家屋番号　・・・
種類　・・・
床面積　・・・

法務太郎　印

パソコンで作成 OK

三　土地
所在　大阪府・・・
地番　・・・
地目　・・・
地積　・・・
四　建物
所在　大阪府・・・
家屋番号　・・・
種類　・・・
床面積　・・・

法務太郎　印

（財産目録には署名押印をしなければならないので、偽造も防止できます）

相続人の
分割割合

該当者 全相続人

期限 できるだけ早く

遺言書がない場合はどうやって分けるのか？法律で、相続人の分割割合が決められている

遺言書がない場合は、相続財産は相続人同士で、自由に分けることができます。しかし、相続人によっては話し合いがまとまらないことがあります。そこで、故人の遺産をどのような割合で分けたらよいのか、その基準が法律で決められています。これを法定相続分（ほうていそうぞくぶん）といいます。

すべての相続で必ず「相続の権利」が発生するのは、配偶者と子どもです。配偶者が財産の半分、子どもたちは残り半分を子どもの数で分けます。ちなみに養子も実子も相続分に変わりはありません。

子どもがいない場合は、配偶者の相続分は3分の2、残り3分の1を故人の両親で分けます。故人の両親が亡くなっている場合は、配偶者が4分の3、残り4分の1を故人のきょうだいで分けます。

このように、子どもの有無、家族・親族の組み合わせなどによって、相続人、相続の分割割合は大きく変化します。

法定相続分・さまざまなパターン

Aパターン

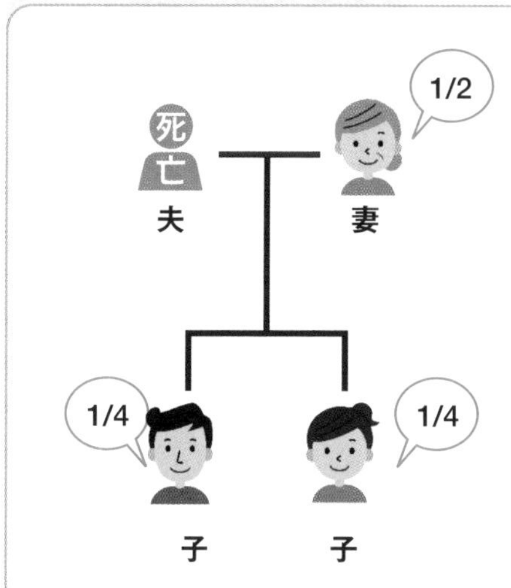

夫が亡くなり、妻と子2人がいる場合

法定相続分は、妻に 1/2、子に 1/2。子が複数いる場合は、平等に分ける。子どもそれぞれに 1/4

Bパターン

夫が亡くなり、妻がいて、子がいない場合

法定相続分は、妻に 2/3、父母に 1/3。父母が両方存命の場合は、それぞれ 1/6 ずつとなる

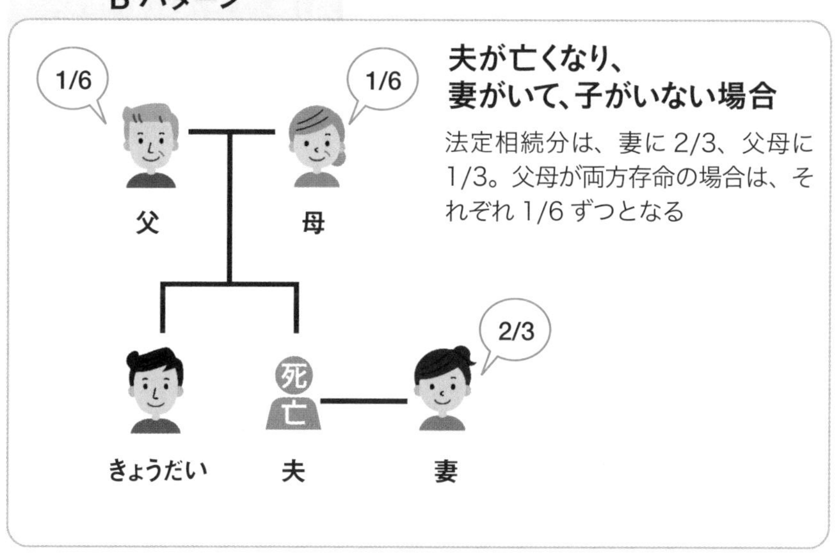

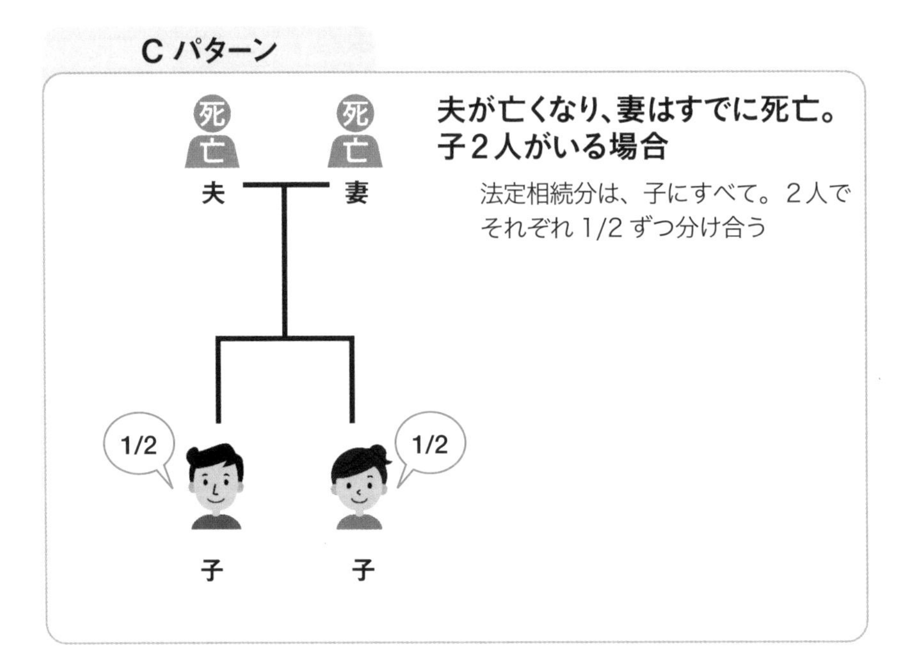
C パターン
夫が亡くなり、妻はすでに死亡。
子2人がいる場合
法定相続分は、子にすべて。2人でそれぞれ 1/2 ずつ分け合う
死亡
死亡
夫
妻
1/2
1/2
子
子

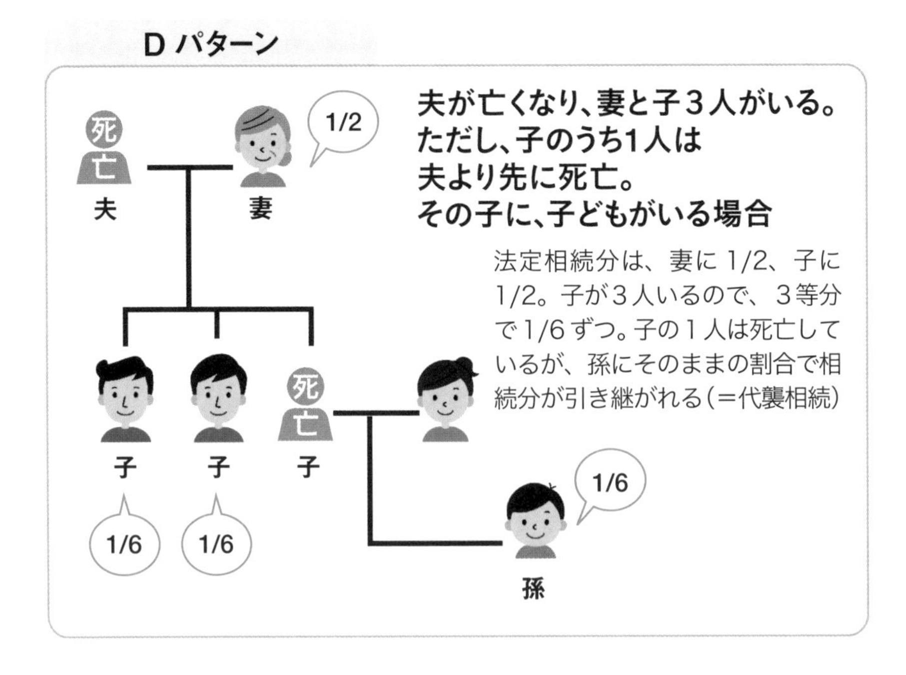
D パターン
夫が亡くなり、妻と子3人がいる。
ただし、子のうち1人は
夫より先に死亡。
その子に、子どもがいる場合
法定相続分は、妻に 1/2、子に 1/2。子が3人いるので、3等分で 1/6 ずつ。子の1人は死亡しているが、孫にそのままの割合で相続分が引き継がれる(=代襲相続)
死亡
夫
1/2
妻
死亡
子
子
子
1/6
1/6
1/6
孫

E パターン

夫が亡くなり、妻のみ。
子がおらず、両親も死別。
夫のきょうだい2人が存命の場合

法定相続分は、妻に 3/4、きょうだいに 1/4。きょうだいが2人いるので、2等分でそれぞれ 1/8 ずつ

死亡 父
死亡 母
妻 3/4
死亡 夫
兄または姉 1/8
弟または妹 1/8

F パターン

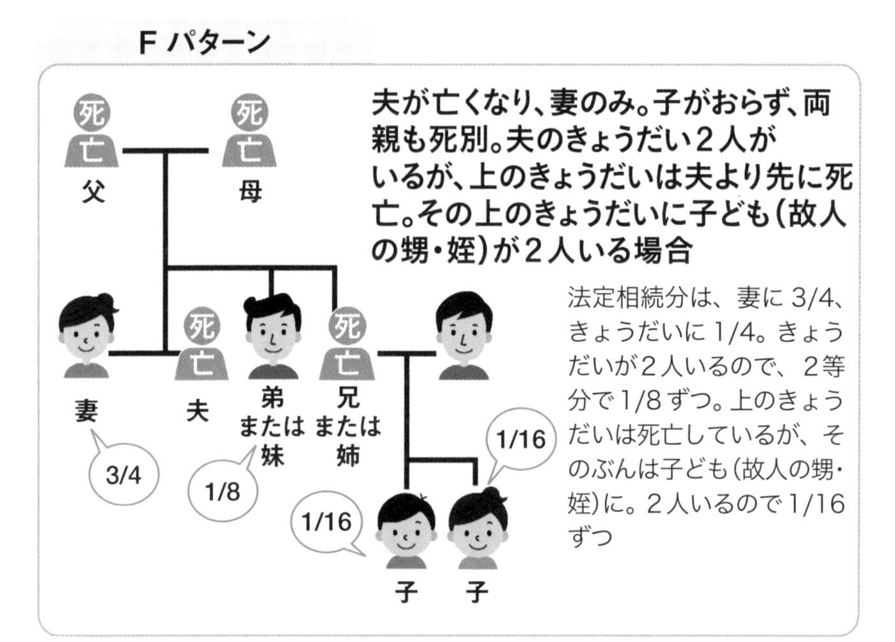

夫が亡くなり、妻のみ。子がおらず、両親も死別。夫のきょうだい2人がいるが、上のきょうだいは夫より先に死亡。その上のきょうだいに子ども(故人の甥・姪)が2人いる場合
法定相続分は、妻に 3/4、きょうだいに 1/4。きょうだいが2人いるので、2等分で 1/8 ずつ。上のきょうだいは死亡しているが、そのぶんは子ども(故人の甥・姪)に。2人いるので 1/16 ずつ
死
亡
父
母
妻
3/4
夫
弟
または
妹
1/8
兄
または
姉
1/16
1/16
子
子

遺留分

遺言書の内容にかかわらず最低限の遺産は得られる「遺留分」

該当者 兄弟や姉妹以外の相続人

期限 できるだけ早く

全財産を誰それに譲るといった遺言があったとしても、配偶者、子ども、父母（相続人である場合）については、「最低限はこれだけ相続できる」という相続財産の割合が保証されています。これを「遺留分（いりゅうぶん）」といいます。言い換えれば、いくら遺言があっても、たとえば、愛人といった第三者やひとりの子どもだけにすべての財産を遺すことはできないのです。

亡くなった人に妻がいる場合は、相続人全員の遺留分の合計は、財産の2分の1になります。それを配偶者および子ども全員で、法定相続の比率によって分けます。相続人が配偶者だけの場合は遺産の2分の1、配偶者と子ども2人なら、配偶者は2分の1の2分の1＝4分の1、子どもはそれぞれ2分の1の2分の1の2分の1＝8分の1ずつが遺留分になります。生きている人が父母や祖父母など本人よりも上の世代（直系尊属）しかいない場合の遺留分は3分の1となります。

よく誤解されていますが、相続人がきょうだいの場合には、遺留分はありません。

一定の相続人は最低限の遺産を請求できる

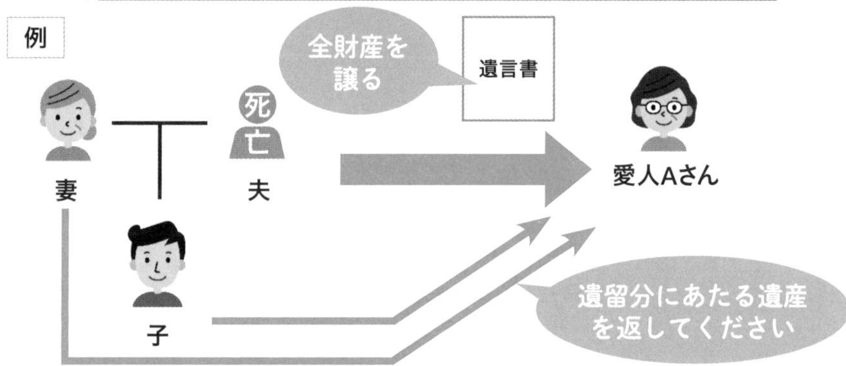

全財産を譲る

愛人Aさん

遺留分にあたる遺産を返してください

一定の相続人は最低限もらえる遺留分を請求することができます。

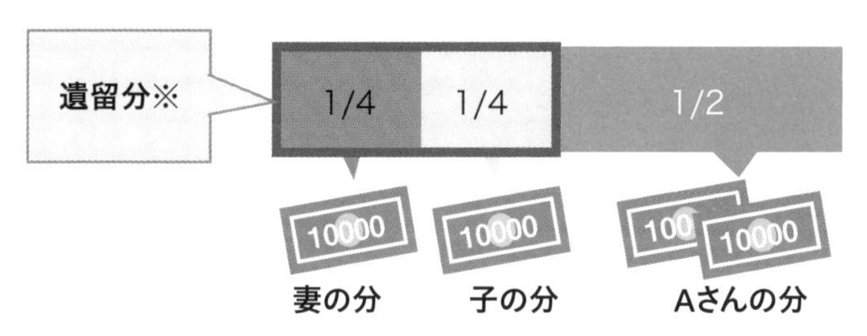

Aさんの分

※配偶者と被相続人の兄弟姉妹が相続人の場合、配偶者が2分の1(兄弟姉妹は0)になります。

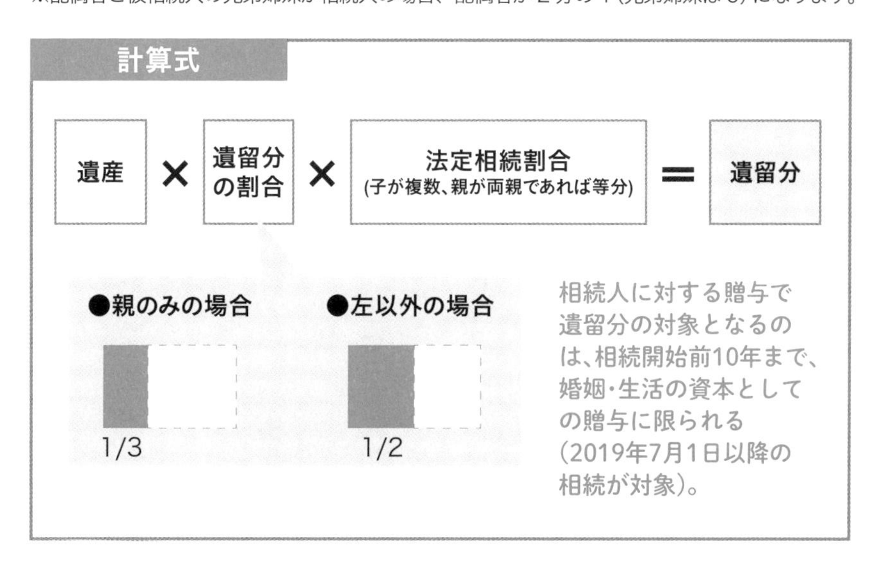

計算式
遺産
×
遺留分の割合
×
法定相続割合
(子が複数、親が両親であれば等分)
=
遺留分
●親のみの場合
1/3
●左以外の場合
1/2
相続人に対する贈与で遺留分の対象となるのは、相続開始前10年まで、婚姻・生活の資本としての贈与に限られる(2019年7月1日以降の相続が対象)。

内縁の妻や非嫡出子など、故人の戸籍に入っていない人に相続の権利はあるのか

該当者　内縁の妻・非嫡出子

期限　できるだけ早く

婚姻関係のない夫婦のあいだに生まれた非嫡出子や内縁の妻に、相続の権利はあるのでしょうか。

かつては非嫡出子の相続分は、嫡出子（結婚した夫婦のあいだに生まれた子ども）の半分とされていました。しかし、子どもの権利は平等なはず。ということで、2013年の民法の改正で、嫡出子と非嫡出子の相続分は平等になりました。

ただし、相続人になるためには、父親の認知が必要になります。戸籍に認知した旨の記載がなければ、相続人になれないので注意が必要です。

一方、内縁の夫や妻は、法律上の夫婦とみなされておらず、お互いの財産を相続する権利が認められていません。ほかに相続人がいなかった場合、もしくは相続人全員が相続を放棄した場合には、「特別縁故者」として相続が認められる可能性がありますが、特別縁故者として認められるためには、家庭裁判所に申立を行い審判を得なければなりません。内縁の妻や夫がいる人は、遺言書を残しておくことをお勧めします。

非嫡出子や内縁の妻に、相続の権利はあるのか？

※数字は法定相続分

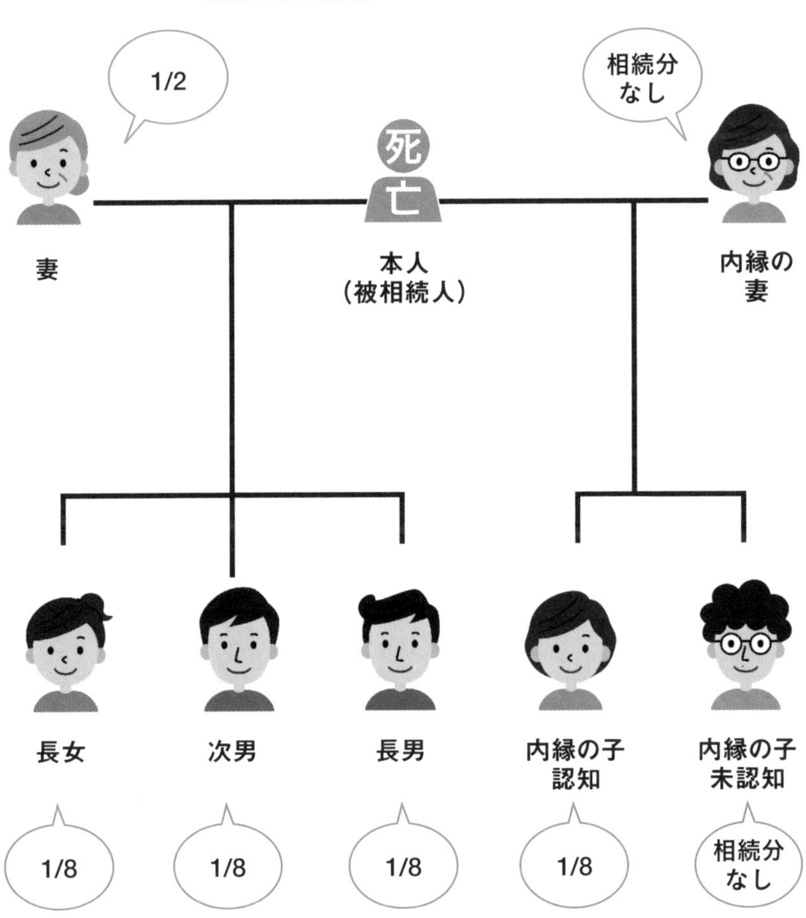

内縁の妻の子ども（非嫡出子）でも、実子と同様の相続の権利をもちます。ただし、認知が必要。内縁の妻には法定相続分はなく、相続するには、遺言書に「○○○○（氏名）に遺産を遺贈する」旨を書かなければなりません

相続人の確定

故人の戸籍を調査して、法的な相続人が誰で何人いるのか確定する

該当者
相続人

期限
できるだけ早く

遺産分割とは故人の財産を相続人で分ける作業。大前提として、相続人を確定しなければ始まりません。

相続人を確定するためには、故人が生まれてから亡くなるまでの家族関係を戸籍でチェックする必要があります。戸籍のチェックで父親が認知した隠し子が見つかることがあります。仮に隠し子がいれば、その子も相続人に加わります。

また、故人に子どもがなく、故人の両親も亡くなっていれば、故人のきょうだいにも相続の権利がおよびます。異父きょうだい、異母きょうだいにも権利がありますから、故人の両親の戸籍をたどって、そうしたきょうだいがいるかどうか、調べなければなりません。なかには、本人の居場所がわからなかったり、本人となかなか連絡がとれなかったり、遺産の分配についてもめたりすることもあります。ようやく相続人の居場所がわかったにもかかわらず、その人が認知症で遺産分配の協議ができないというケースも考えられるため、確定作業は早めに行いたいものです。

戸籍をたどると、思わぬ親族が見つかることも

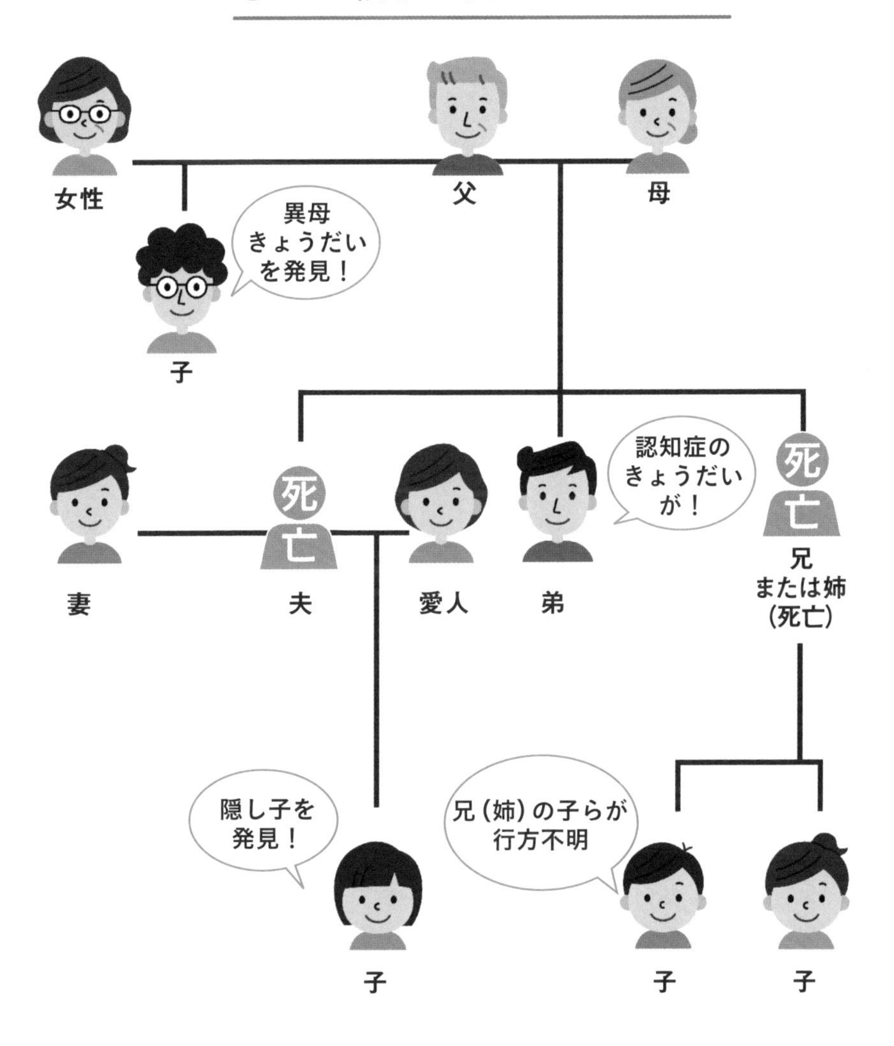

戸籍をたどっていくと、予想外の隠し子や異母きょうだいなどが見つかることがあります。相続人の特定は意外と手間取ることが多い作業といえます

財産の確定

遺品整理、法務局や金融機関での調査…故人がどんな相続財産をもっているのか特定する

該当者 全員

期限 できるだけ早く

相続人を確定したら、今度は故人の財産を確定させます。エンディングノートなどが用意されていなかった場合は、通帳や不動産の権利証などを探しましょう。仏壇や神棚の中、床下、つぼの中など、思わぬところに隠してあるケースも少なくありません。あわせて郵便物などもチェックして、証券会社などと付き合いはなかったかなどを調べます。

また、不動産がある場合は、法務局で登記事項証明書（登記簿謄本）を取得し、登記の名義人に故人以外の人が名を連ねていないか確認します。また、銀行などの担保に入っていないかも確認します。

銀行や保険会社でも取引確認をしておきましょう。手数料がかかることがありますが、金融機関に取引の有無や残高がわかる書類を発行してもらう方法もあります。預金通帳の取引履歴から思わぬ財産を発見することもあります。特に負債の有無は重点的に。貸金庫がある人は、金融機関に依頼して見せてもらいましょう。

故人の財産探し・チェックリスト

チェックリスト

CHECK		CHECK	
□	パソコンの中	□	郵便物
□	引き出しの中	□	通帳の引き落とし
□	仏壇	□	貸金庫
□	病室／施設	□	法務局
□	床下	□	金融機関
□	つぼの中	□	役所
□	ベッドの隙間	□	証券会社
□	エンディングノートの有無		

※ある程度、資産がある場合は、市区町村の窓口で名寄帳（なよせちょう）を請求することで、故人の名前から不動産を所有しているかどうかを確認できます

借金

借金も相続の対象。3カ月以内に相続放棄すれば故人の借金を背負うことはない

該当者
故人が借金をしていた人

期限
3カ月以内

相続財産には、マイナスの財産も含まれます。すなわち借金です。特に故人が会社のオーナー経営者だった場合、家が会社の借入の担保になっていたり、故人が会社の借金の保証人になっていたりするケースがよくあるので注意が必要です。また、当然、債権者から故人の借金を返すように相続人宛に通知が届くこともあります。

相続財産を確定して、相続財産よりも負債のほうが大きい場合は、相続人としての責任を感じるかもしれませんが、相続放棄を検討すべきでしょう。遺産を放棄すれば、プラスの財産を継承しない代わりに、借金も放棄できます。

借金を放棄するのではなく、少しでも返済したい場合は、相続財産がプラスになる範囲で返済する「限定承認」という方法もあります。

遺産の放棄も限定承認も、手続できる期間は、基本的に相続の開始を知ったときから3カ月以内。家庭裁判所で手続をします。期間を過ぎればすべての借金を引き継がなければならない可能性もあります。

相続放棄すると、相続の権利が移っていく

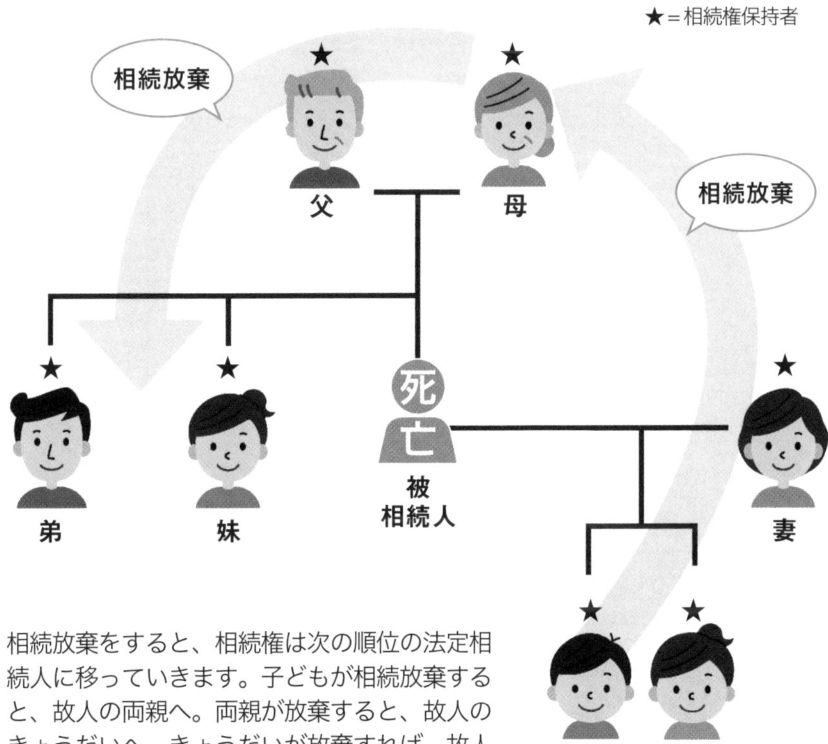

相続放棄をすると、相続権は次の順位の法定相続人に移っていきます。子どもが相続放棄すると、故人の両親へ。両親が放棄すると、故人のきょうだいへ。きょうだいが放棄すれば、故人の借金を背負う人はいなくなります

相続放棄をするには？

申述期間	相続の開始があったことを知った日から３カ月以内
申述先	故人が住んでいた住所地の家庭裁判所
費用	800 円（収入印紙）、連絡用の切手
必要な書類	申述書（126 〜 127 ページ 参照）、被相続人の住民票除票または戸籍附票、放棄する人の戸籍謄本、被相続人の死亡の記載のある戸籍（除籍、改製原戸籍）謄本など ※詳しくは、申述を行う家庭裁判所にお尋ねください

相続放棄申述書の記入例

申述人とは、放棄をする相続人のこと。相続開始を知った日から3カ月以内に被相続人（故人）の最後の住所地の家庭裁判所に提出します。

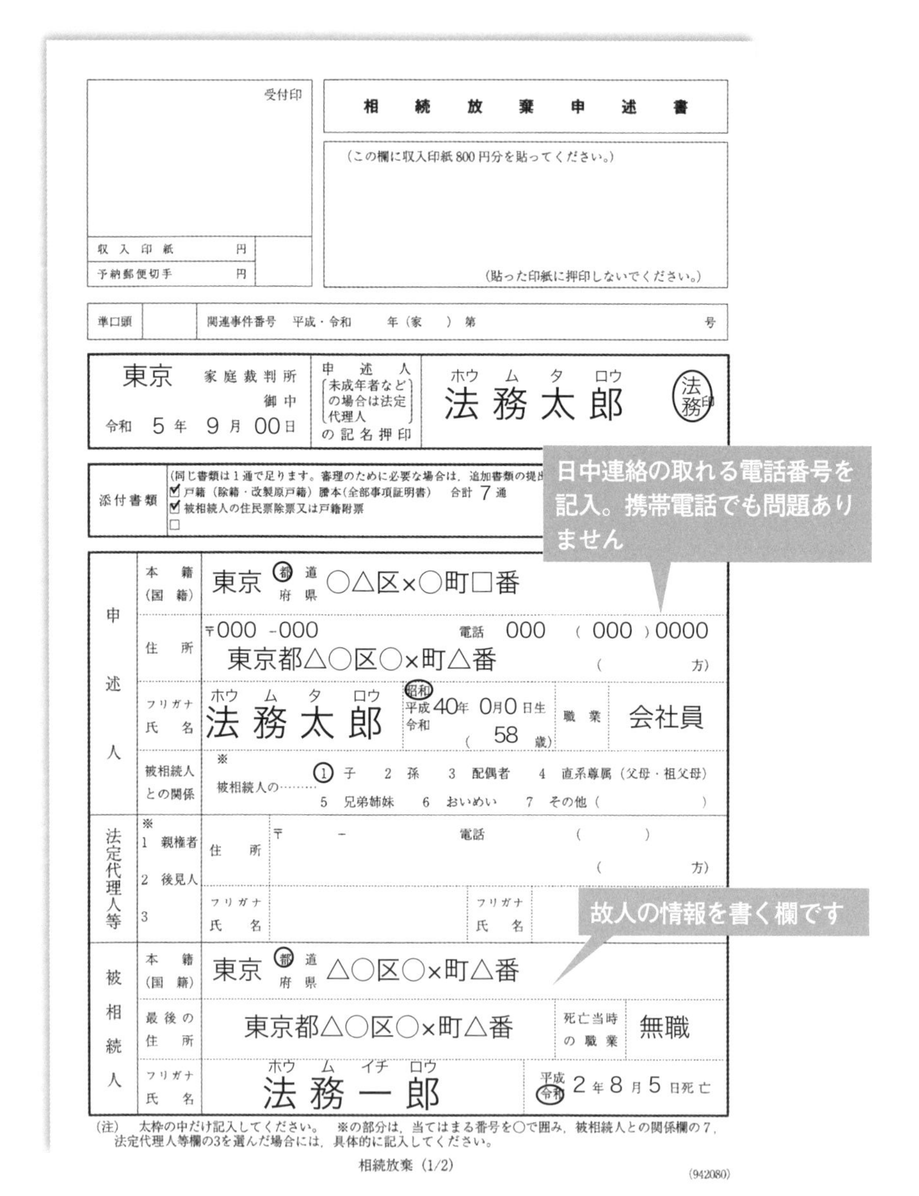

受付印

相　続　放　棄　申　述　書

（この欄に収入印紙800円分を貼ってください。）

（貼った印紙に押印しないでください。）

収入印紙	円
予納郵便切手	円

準口頭		関連事件番号　平成・令和　　年（家　　）第　　　号

東京　家庭裁判所 御中 令和 5 年 9 月 00 日	申述人（未成年者などの場合は法定代理人）の記名押印	ホウ　ム　タ　ロウ 法務太郎　(法務) 印

添付書類	（同じ書類は１通で足ります。審理のために必要な場合は，追加書類の提出…） ☑ 戸籍（除籍・改製原戸籍）謄本（全部事項証明書）　合計 7 通 ☑ 被相続人の住民票除票又は戸籍附票 □

申述人	本籍（国籍）	東京 (都)・道・府・県　○△区×○町□番		
	住所	〒000 -000　電話 000（000）0000 東京都△○区○×町△番（　　方）		
	フリガナ 氏名	ホウ　ム　タ　ロウ 法務太郎	(昭和)・平成・令和 40年 0月0 日生（58 歳）	職業　会社員
	被相続人との関係	※ 被相続人の……… (1) 子　2 孫　3 配偶者　4 直系尊属（父母・祖父母） 5 兄弟姉妹　6 おいめい　7 その他（　　）		
法定代理人等	※ 1 親権者 2 後見人 3	住所　〒　－　電話　（　）（　　方）		
		フリガナ 氏名	フリガナ 氏名	
被相続人	本籍（国籍）	東京 (都)・道・府・県　△○区○×町△番		
	最後の住所	東京都△○区○×町△番	死亡当時の職業	無職
	フリガナ 氏名	ホウ　ム　イチ　ロウ 法務一郎	平成・(令和) 2 年 8 月 5 日死亡	

（注）　太枠の中だけ記入してください。　※の部分は，当てはまる番号を○で囲み，被相続人との関係欄の７，法定代理人等欄の３を選んだ場合には，具体的に記入してください。

相続放棄（1/2）

(942080)

申　述　の　趣　旨
相続の放棄をする。

申　述　の　理　由		
※ 相続の開始を知った日…………平成・(令和) 5 年 8 月 5 日 (1) 被相続人死亡の当日　3 先順位者の相続放棄を知った日 2 死亡の通知をうけた日　4 その他（　　）		
放棄の理由	相続財産の概略	
※ 1 被相続人から生前に贈与を受けている。 2 生活が安定している。 3 遺産が少ない。 4 遺産を分散させたくない。 (5) 債務超過のため。 6 その他（　　）	資産	農地……約　　平方メートル　現金 預貯金………約 100 万円 山林……約　　平方メートル　有価証券……約　　万円 宅地……約　　平方メートル 建物……約　　平方メートル
	負債	………………………………約 650 万円

（注）太枠の中だけ記入してください。※の部分は，当てはまる番号を○で囲み，申述の理由欄の4，放棄の理由欄の6を選んだ場合には，（　）内に具体的に記入してください。

負債、不動産、有価証券などを含めた、故人の総資産を詳らかにします

遺産分割協議

多種多様な相続財産を法定相続分にあわせてどう分けるかの話し合い

該当者 全員

期限 できるだけ早く

ひと口に相続といっても、相続財産には不動産、美術品、貴金属など多様なものが含まれています。現金なら分けるのは簡単ですが、ものや株式のように価格変動があるものを平等に分けるのは至難の業。加えて法定相続分はあくまでも目安。故人との関係を強調し、「遺産をもっとよこせ」と主張する人が出てくることもあります。

故人が遺言で具体的な分け方を指示している場合は、それに従いますが、遺言がない場合は、相続人全員でどう分けるかを話し合います。これが「遺産分割協議」です。

相続人が1人でも欠けた場合は、協議は無効になります。しかし、全員が1カ所に集まって話し合う必要はありません。書面で意見を伝えたり、後日決定事項の了承をとったり、代理人を行かせたりなどのかかわり方でも、全員参加したと見なされます。

相続人のなかに未成年者や行方不明者、認知症などの人がいることがありますが、これらのケースでは、親権者や未成年後見人、不在者財産管理人、成年後見人などが本人に代わって協議に参加します。

※2023年4月1日～、相続開始から10年を経過した後に行う遺産分割は、原則として特別受益や寄与分の主張ができず法定相続分で分けることになります

遺産分割協議とは？

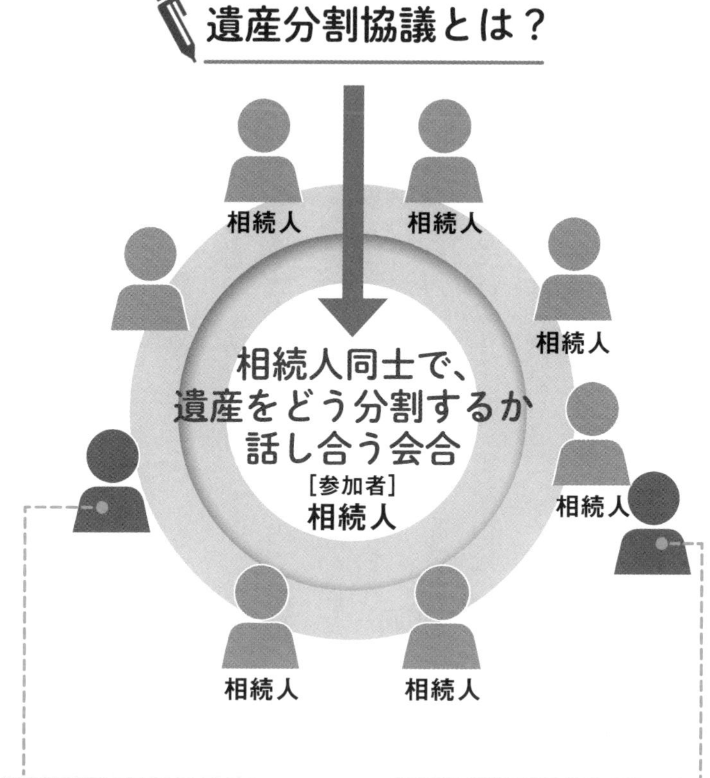

不在者財産管理人

相続人のなかに行方不明の人がいて、遺産分割協議ができない場合がある。この場合は、相続人が利害関係人として家庭裁判所に不在者財産管理人の選任を申し立てることができる。不在者財産管理人は、不在者の財産を管理・保存する者として、弁護士や司法書士などから選任される。相続人は、選ばれた不在者財産管理人と遺産分割協議を行う。ただし、遺産分割を成立させるためには、家庭裁判所の許可が必要

成年後見人

成年後見人は、判断能力の不十分な成年者（認知症高齢者、知的障がい者等が該当する）を保護し、支援する。主な役割は本人に代わって財産を管理したり、施設と入所契約を結んだりすること。遺産分割協議においても、本人に不利にならないように本人に代わって協議を行うほか、定期的に家庭裁判所に収支等の報告を行う。成年後見制度を利用するためには、本人または４親等以内の親族が家庭裁判所に申立を行う

土地・住宅

遺産の大部分が故人の自宅というケース3人で平等に分ける方法を考えてみよう

該当者　故人が自宅を所有していた人

期限　できるだけ早く

遺産相続で最もトラブルが起こりやすいのが、故人の自宅です。その理由は分けるのが難しいからです。

家を複数人で分けるための方法はいくつかあります。

1つは、「代償分割」。国税庁の路線価図などを参考に家の評価額を割り出す方法です。正確に評価額を出したい場合は、不動産鑑定士などのプロに頼みます。仮に評価額が6000万円なら、1人が家を相続し、残りの2人は家の代わりに現金2000万円ずつを受け取ります。家を相続した人が高額な現金を用意する必要があります。

2つめは「換価分割」で、家を売却して現金化する方法です。現金なので相続人同士できっちり分けられますが、実家を売るのは抵抗がある人もいるでしょう。

その他、法定相続分に合わせて家を共同で所有する「共有分割」や、無理に分けない「現物分割」という方法がありますが、どれも一長一短です。自分たちの状況に合った方法を選びましょう。

家を分割するための4つの方法

換価分割

家を売却して現金化する方法。現金なので相続人同士できっちり分けやすいが、家族の思い出がつまった家を売却するということで、新たなもめごとが発生することもある

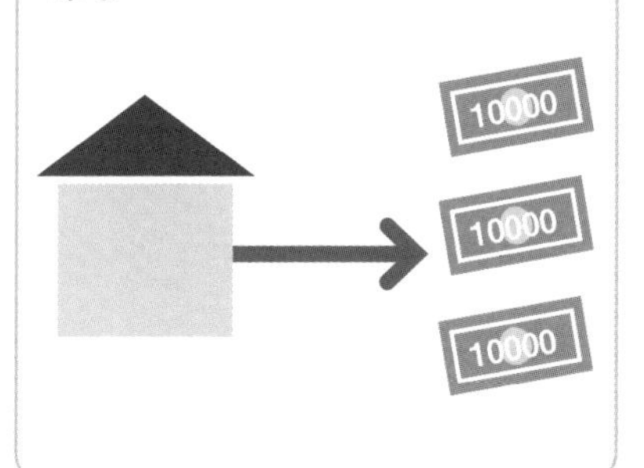

代償分割

国税庁の路線価図などを参考に家の評価額を割り出す。家を相続した人が、ほかの相続人に現金を払う。高額な現金を用意する必要があるので、この手法を使えるのはある程度の資産家に限られる

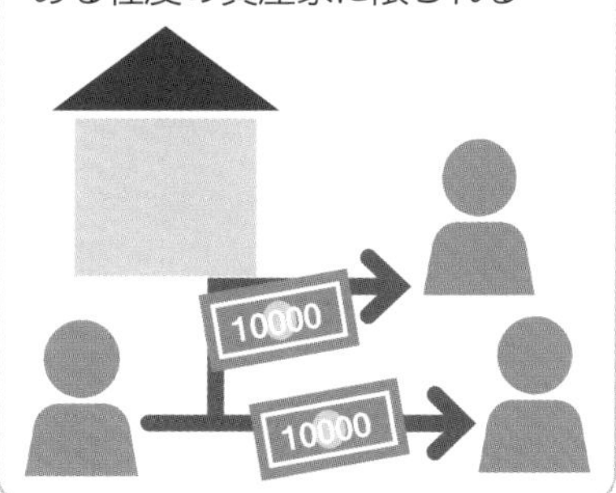

現物分割

1人は家、1人は美術品、1人は株券といった具合に、無理に分割しない

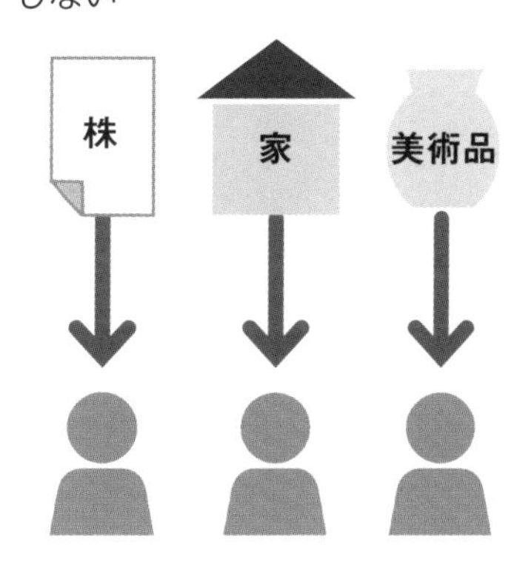

共有分割

法定相続分に合わせて家を共同で所有する。つまり1つの物件に3人の名義が入る。きょうだいの代はそれでいいかもしれないが、子どもの代でもめることが多い

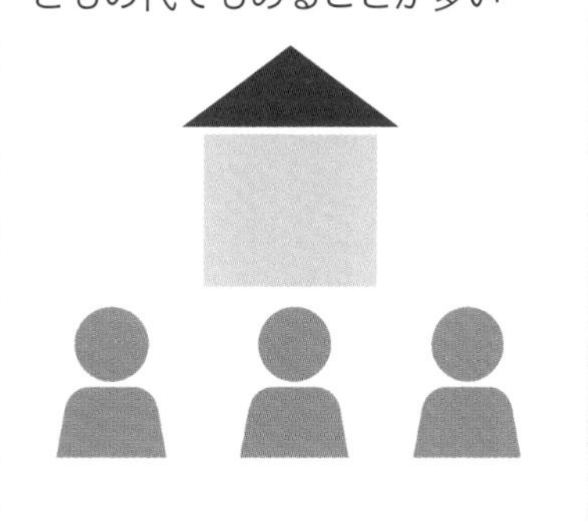

配偶者居住権

故人の死後も配偶者が安心して自宅に住み続けられる権利が創設

該当者 故人が所有する建物に住んでいた配偶者

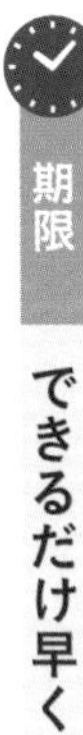

期限 できるだけ早く

2020年4月より、「配偶者居住権」が新しく創設されました。これにより終身または一定期間、配偶者に対して建物の使用が認められるようになりました。

配偶者居住権には、2つの種類があります。1つ目は「配偶者短期居住権」です。被相続人と暮らしていた自宅の所有権が他の相続人などに渡ったとしても、一定期間は継続して住むことができる権利です。退去を要求された場合でも、最低6カ月間はその家で生活できるので、その間に新たな住居を探すことが可能になります。

2つ目は「配偶者居住権」で、自分が亡くなるまで自宅での居住を継続できる権利です。住み続けられる権利（居住権）として、所有権とは切り離して考えるため、遺産分割により自宅の所有権が第三者に渡った場合でも、生涯自宅に住み続けられます。

さらに配偶者居住権のメリットは、相続後に安心して自宅に住み続けられる点だけではなく、遺産分割に関しても、これまでより配偶者に有利な扱いがされる点もあります。配偶者は自宅を確保しながら、その他の財産も取得できるようになりました。

「配偶者居住権」とは？

これまでは

配偶者が居住建物を取得する場合には、他の財産を受け取れなくなってしまう

例：相続人が妻及び子、遺産が自宅 (2,000 万円) 及び
預貯金 (3,000 万円) だった場合

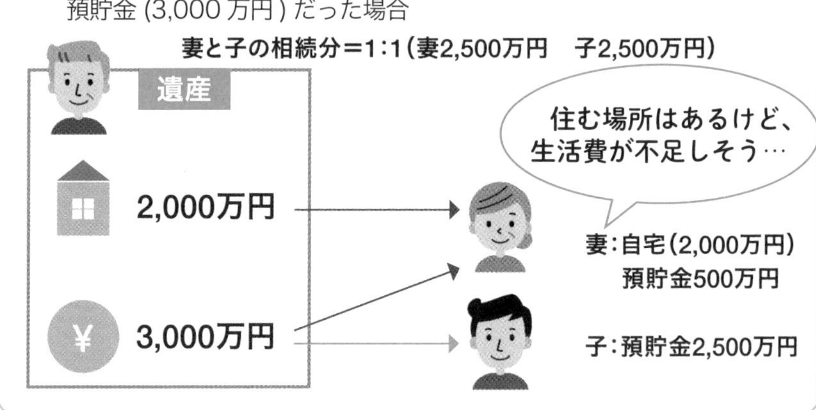

制度導入後

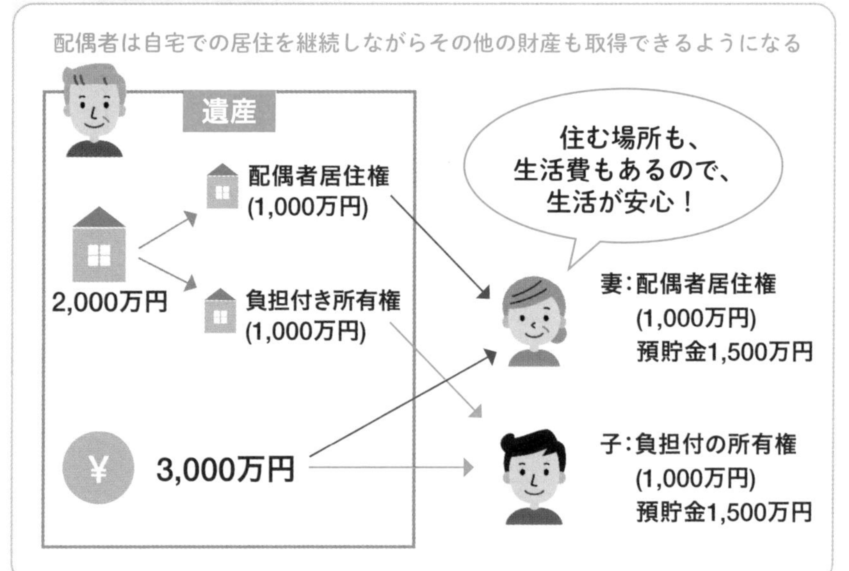

出典：法務省－配偶者の居住権を長期的に保護するための方策（配偶者居住権）

寄与分

献身的な介護で故人の介護費用を節約できた介護した相続人は遺産を多めにもらえるのか

該当者 故人を介護した相続人

期限 できるだけ早く

老人ホームへの入居、家の改築、医療費、日常的な介護費用……。多くの場合、介護には、多額の費用がかかります。しかし、相続人の1人が懸命に介護することで、介護度の進行を遅らせることは可能でしょう。結果、たとえば老人ホームに入居せずにすめば、それは故人の財産の維持、または増加に貢献したといえます。

介護に限らず、故人の事業を手伝ったなど、財産の維持や増加に貢献した人は、法定相続より貢献の度合いだけ相続分を増やす権利があります。この増やしたぶんを「寄与分（きよぶん）」といいます。

寄与分の計算方法は決まっていません。「財産の増加に貢献する介護とそうでない介護の違い」や「介護によって具体的にいくらの財産の維持・増加に貢献したのか」などを数値化するのは困難ですし、本人の主張の仕方によっても印象は変わります。

遺産分割協議でまとまらなければ、家庭裁判所に申立をして、寄与分を決めてもらう方法があります。

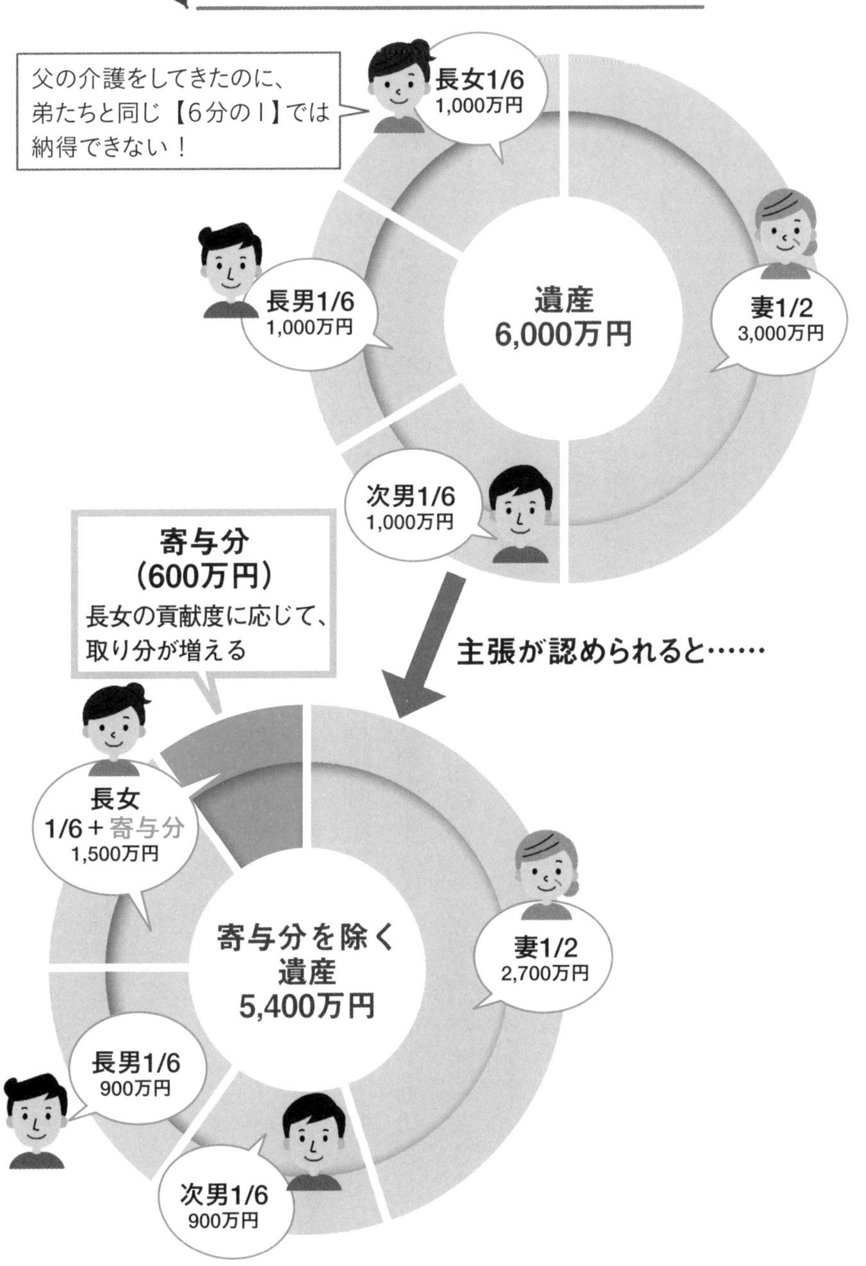
苦労に報いる「寄与分」とは？
父の介護をしてきたのに、
弟たちと同じ【6分の1】では
納得できない！
長女1/6
1,000万円
長男1/6
1,000万円
遺産
6,000万円
妻1/2
3,000万円
次男1/6
1,000万円
寄与分
(600万円)
長女の貢献度に応じて、
取り分が増える
主張が認められると……
長女
1/6＋寄与分
1,500万円
寄与分を除く
遺産
5,400万円
妻1/2
2,700万円
長男1/6
900万円
次男1/6
900万円

特別寄与料

故人の介護をした相続人以外の親族にも金銭の請求権が与えられるように

該当者
故人の介護をした親族（相続人ではない）

期限
相続開始を知った時から6カ月以内又は相続開始の時から1年以内

長男の妻が在宅で義父母の介護を行うケースはよくあること。改正前は介護をした人が、長男の妻や親戚など「相続人以外」であった場合は、寄与分（134ページ）の対象外となり、遺言がない限りは貢献に対する相続財産の配分は考慮されませんでした。これが、2019年の「特別の寄与」に関する制度新設により、長男の妻などの「相続人以外」の人が介護を行った場合、相続人に「特別寄与料」の請求が可能となりました。

介護の苦労に報いることを目的とした新制度ですが、注意点もあります。

1つ目は、特別寄与料を請求できるのは、被相続人の相続人ではない親族であるということ。ただし法的な婚姻関係を結んでいない内縁の妻は対象外です。2つ目は、与えられるのは請求権のみで、自分が相続人にはなれないということ。3つ目は、寄与料の請求には、無償で介護を行ったことの証明が必要になるということです。

介護に励んだことがわかるよう、介護内容の記録や交通費等の明細（レシートなど）を残しておくことで、相手に請求しやすくなります。

介護した親族に請求権が与えられるように

介護で貢献した分はどのように計算する？（例）

介護の日当額	×	日数	×	裁量的割合	＝	介護寄与分額
8000円		500日		70%		280万円

・家裁が示す「療養看護型寄与分」を参考に
・日当額はプロの介護士の事例が目安になる
・裁量的割合は家裁がケースに応じて判断

制度改正で、こう変わった

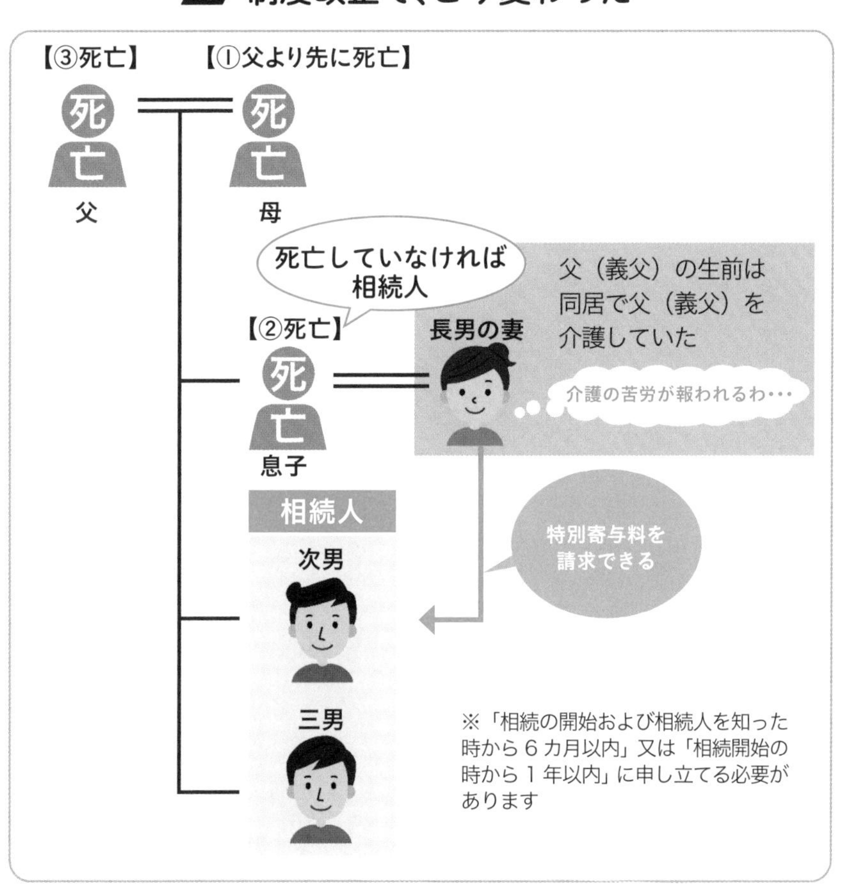

生前贈与

きょうだいの1人が多額の生前贈与を受けていたこのぶんは遺産相続にどう影響するのか

該当者　全員

期限　できるだけ早く

親が息子（娘）夫婦との旅行代や外食代を常に負担したり、家の改築費用を出したりすることは珍しくありません。また、独り立ちする子がいる一方、実家で親のお金で暮らしている子もいます。一人っ子であれば問題になりませんが、きょうだいがいる場合は、1人の子どもばかりにお金を使えば不公平感が生じます。

それを是正するのが「特別受益制度（とくべつじゅえきせいど）」です。具体的には、生前に受け取った額を生前贈与として計算して、相続財産に加えます。これを「特別受益の持戻し」といいます。すべてを足して、改めて、各相続人の相続分を計算します。

もっとも、何が生前贈与に当たるのかは、人によって判断はまちまち。子どもよりも親のほうが裕福であれば旅行代や孫の学費を払ってくれるのは当然と考えている人もいれば、それは生前贈与だと考える人もいます。どう捉えるかは、遺産分割協議で話し合って決めますが、意見がまとまらなかったときには家庭裁判所に調停を申し立てる方法があります。

生前贈与の不公平を正す「特別受益制度」とは？

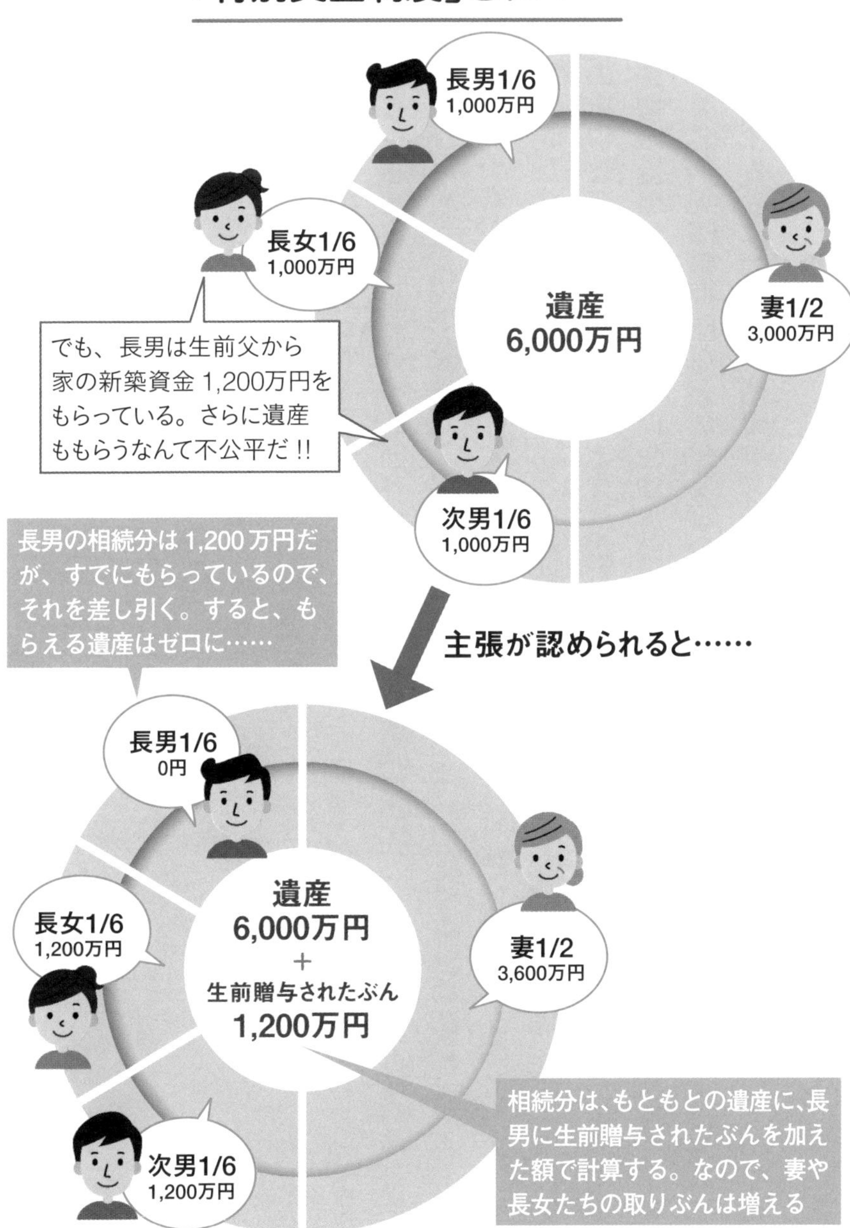

遺産をどう分けるかの話がまとまったら「遺産分割協議書」を作成する

該当者　全員

期限　できるだけ早く

相続人全員による遺産分割協議がまとまったら、協議の内容をまとめた「遺産分割協議書」（260ページ参照）の作成に入ります。決まった用紙はなく、書き方は自由です。書式の指定も特になく、縦書きでも横書きでも、複数枚にわたってもかまいません。記載すべき内容は次の3つ。「協議の内容」「具体的な財産の中身と相続した人」「相続人全員の氏名・住所・捺印」です。加えて全員の印鑑証明書も必要です。協議書が複数枚に及んだときには、紙と紙の境目に割印が必要です。

作成した遺産分割協議書は、不動産の名義変更、金融機関での相続手続、相続税の申告などで使用していきます。銀行口座の凍結解除など、各種手続で遺産分割協議書の提出が求められる機会は少なくありません。遺産分割協議書には相続人全員の署名・実印の押印などが必要なので、足りなくなったからといって、また改めて作成するのは大変な手間です。作成の際に、最低でも相続人全員ぶんはつくっておきましょう。

遺産分割協議書の要素

遺産分割協議書を作成する際に、必要な要素は下記になります。故人の所有財産をすべて洗い出し、相続人のあいだで分けるのが目的です。

作成例は260ページ参照

1 被相続人（故人）の情報

必要なのは「本籍地・最後の住所・氏名」。まずは故人を特定し、明らかにすることから始める

2 序文

「●年（和暦が一般的）●月●日、上記被相続人が死亡したことにより開始した相続について、共同相続人の全員において、被相続人の相続財産につき、次のとおり遺産分割の協議をして合意に至った」

3 内容

土地、建物、現金、有価証券、動産、その他財産などを箇条書きにし、各相続人が何をどれだけ相続するかを、箇条書きにする。後日発見された遺産は誰が相続するかについてもつまびらかにしておく

4 署名・押印

相続人全員が自筆で署名し、実印を押印する。作成日の日付を記入する

遺産分割協議の調停

遺産分割協議でもめたら家庭裁判所に調停を申立てる

該当者 遺産分割協議が決裂した人

期限 できるだけ早く

仲の良かった家族や親戚でも多少はおもしろくない思いをすることがあるのが遺産分割協議。さらに寄与分、特別受益、非嫡出子の登場などが加われば、もめないわけはありません。相続人の配偶者が口を出してややこしくなることもあります。

遺産分割協議がまとまらない場合は、家庭裁判所に調停を申立てます。調停でまとまらない場合は、裁判所の判断を仰ぐ審判の手続を取ることもできます。

審判が確定すると、結果に基づいて、必要があれば強制執行なども行われます。ただし、確定結果が不服であれば、2週間以内なら上告できます。

いうまでもなく、争っている限り遺産分割協議書は作成できないので、各種手続もできません。たとえば、金融機関での相続手続ができず、立て替えている葬儀費の精算ができないかもしれません。税金関係は納税が遅くなれば追徴（ついちょう）が発生します。多少の不満があってもお互い譲り合い、一刻も早い解決を目指すべきでしょう。それが故人に対する供養にもなるはずです。

遺産分割協議がまとまらない場合は「遺産分割調停」

遺産分割調停の申立て
相続人の１人が住んでいる住所地の家庭裁判所に申立てる

↓

遺産分割調停
管轄の家庭裁判所で、裁判官と調停委員が同席のもと、当事者同士が話し合いを行う

↓

審判
調停が成立しなければ、裁判官が審判をする

↓

家庭裁判所による決定
遺産分割の審判では、裁判官が遺産分割の方法を決めてしまう

↓ 不服なら

遺産分割審判の確定・不服申立て

「遺産分割調停」を申立てするには？

申立て先	相続人（相手方）のうちの１人の住所地の家庭裁判所
申立てできる人	相続人、包括受遺者など
費用	1,200円（収入印紙）＋連絡用の郵便切手
必要な書類	申立書、故人の出生時から死亡時までのすべての戸籍（除籍，改製原戸籍）謄本、相続人全員の戸籍謄本、相続人全員の住民票または戸籍附票、遺産に関する証明書（不動産登記事項証明書及び固定資産評価証明書、預貯金通帳の写しまたは残高証明書、有価証券写し等） ※詳しくは、申立てを行う家庭裁判所にお尋ねください

column

5

ペットや盆栽に財産を遺したい人の裏技とは?

家族と同様に暮らしてきたペットや何世代にもわたって大切に育ててきた盆栽といった生物を、自分の死後も大切に守るために、遺産を遺したいと考える人もいます。

しかし残念ながらペットも盆栽も、法律上は「物」。したがって、直接自分の財産を承継させることはできません。しかし同様の効果を狙えるいくつかの方法はあります。

たとえば、家族や友人、ＮＰＯなどの団体に、ペットの世話をしてもらう代わりに、遺言で財産を遺すといった方法があります。これを「負担付遺贈」といいます。

また、生前に、「自分の死後、ペットの世話や盆栽の手入れをお願いする代わりに財産を贈与する」という契約を、世話をお願いしたい人と結んでおく方法もあります。これを「負担付死因贈与」といいます。

さらに最近は「ペット信託」といって、ペットの飼育のための信託が可能となりました。ご自身やお世話をお願いしたい人の実情に合わせて、最適な方法を選ぶことが望ましいと思われます。

5
章

相続税を計算し、申告する

相続税とは

全体の1割弱が支払う「相続税」申告の準備は早めに行っておいたほうが安心

該当者 全員

期限 10カ月以内

故人の遺産を相続すると、「相続税」がかかります。ただし、遺産の全部に相続税がかかるわけではなく、基礎控除額を超えた場合に、発生するものです。基礎控除額の基準は「3000万円＋（600万円×法定相続人の数）」となっています（2015年1月以降）。たとえば、法定相続人が3人であった場合、3000万円＋（600万円×3）で、4800万円です。つまり、この場合遺産が4800万円を超えると、相続税がかかるということです。

2022年の国税庁発表では、亡くなった144万人のうち、基礎控除額を超えた遺産が発生した人、つまり相続税の支払いが発生した人は、約13万4千人。全体の約9・3%にのぼります。

もし、相続税の対象になったら、亡くなった翌日から10カ月以内に、税務署に申告をしないとなりません。ほかの手続や遺産分割協議などに追われていると、10カ月などあっという間です。できるだけ早く確認し、申告の準備にとりかかりましょう。

相続税を支払うべき人は意外と多い

3,000万円＋（600万円×法定相続人の数）＝基礎控除額

上記計算金額より相続財産（正確には課税価格の合計額）が
多いと、相続税が発生します

1. 相続財産の合計が7,000万円で、法定相続人が3人だった場合

7,000万円  3,000万円＋（600万円×3） ＝ 4,800万円

相続税がかかる！

2. 相続財産の合計が4,000万円で、法定相続人が2人だった場合

4,000万円  3,000万円＋（600万円×2） ＝ 4,200万円

相続税がかからない！

3. 相続税の合計が7,000万円で、法定相続人が8人だった場合

7,000万円  3,000万円＋（600万円×8） ＝ 7,800万円

相続税がかからない！

4. 相続財産の合計が4,000万円で、法定相続人が1人だった場合

4,000万円  3,000万円＋（600万円×1） ＝ 3,600万円

相続税がかかる！

計算から納付

計算から申告、納付まで相続税の一連の流れを押さえる

該当者
全員

期限
10カ月以内

相続税は、自分たちで税額を計算したうえで、税務署に申告する必要があります。まずは、計算から納付までの一連の流れを押さえておきましょう。

まず最初に「相続財産の評価額の総額」を計算します。すでに遺産相続の話し合いの過程で、故人の財産の洗い出しはすんでいるはずですが、土地などは相続税の評価基準に合わせて、改めてその価格を評価し直す必要があります。また、生前贈与された財産を加えたり、故人の借金や葬儀費用を引いたりします。

そうして導き出した課税価格の合計額と基礎控除額を比べ、課税価格の合計額のほうが多ければ、相続税を支払う必要があります。税額は156〜158ページの方法で計算し、その総額を、実際の相続割合に合わせて、各相続人で分けます。

最後に、控除の有無をチェック。相続税には、配偶者控除をはじめとしたさまざまな控除があり、それらが適用されると、支払わなくてすむこともあります。そして、税務署に申告し、税金を納付。以上を10カ月以内に行うわけです。

相続税の計算から納付までの流れ

1 相続財産の金額を評価し直す

まずは、故人が所有していた財産を把握。そのうえで、土地や株式などは相続税の評価基準に合わせて、新たに評価し直す

2 生前贈与された財産を加える

ほかに相続税の対象になる財産がないか探す。生前に故人から贈与された「生前贈与財産」はその１つ。死亡保険金や死亡退職金も故人本来の財産ではないが、相続税の対象となる財産に含める。これらを加えた財産総額から墓などの相続税のかからない財産や債務、葬式費用を除く。こうして算出した金額を「課税価格の合計額」という

3 基礎控除額と比べる

課税価格の合計額と、基礎控除額を比べる。もし、課税価格の合計額のほうが多ければ申告する必要がある。反対に基礎控除額のほうが多ければ、申告は不要。総額から基礎控除などを引いた額を「課税遺産総額」という

4 相続税を計算する

３で計算した課税遺産総額を、各相続人に法定相続分で分けあったと仮定。税率表と照らし合わせて、相続人ごとに相続税額を割り出す。そのうえで、個別に計算した金額を足して、相続税の総額を出す。この金額を、今度は実際に相続された割合に合わせて割り振ると、各相続人の相続税額が算出できる

5 控除がないかチェックする

相続税には、配偶者控除をはじめとしたさまざまな控除があるので、それらが適用されるかどうかを確認。場合によっては相続税がゼロになることも

6 税務署に申告し税金を納付する

複数枚にわたる申告書に記入し、税務署に提出して、税金を納付。申告と納付までを、相続の開始を知った翌日から 10 カ月以内に行う

相続税の
計算法①

相続財産の評価額を計算し直す 土地や株式などは種類によって計算方法が異なる

該当者 全員

期限 できるだけ早く

相続税を計算するにあたり、最初にすべきことは、相続財産を改めて洗い出したうえで、それらの金額を評価し直すことです。遺産を分け合うときと、相続税を計算するときでは、財産の評価基準が異なることがあります。

たとえば、自宅の土地は、地域によって評価の方法が違います。市街地などの、路線価が設定されている土地は路線価から計算し、郊外などの、路線価の設定がない土地は、固定資産税評価額から計算するのです。

また農地や駐車場なども評価の方法が自宅の土地と異なります（詳しくは162ページ以降で解説）。

また、株式も上場企業と非上場企業で評価方法が異なりますし、非上場企業でもその企業の規模によって評価方法が異なります（詳しくは174ページ以降で解説）。

ほかにも、投資信託などの金融商品や貴金属類などは亡くなった日の時価を調べることが必要です。

主な相続財産とその評価方法

土地（宅地）	路線価方式か倍率方式
土地（農地）	倍率方式か宅地比準方式
土地（駐車場などの雑種地）	近隣の似た土地の1㎡あたりの価格を基準に計算
建物（自宅）	固定資産税評価額×1.0
建物（貸家）	固定資産税評価額×70％
預貯金	亡くなった日の残高※
上場株式	故人が亡くなった日の終値か、その月（または前月、前々月）の終値の平均額で、もっとも低い額
非上場株式	原則的評価方式か特例的評価方式
投資信託	新聞等に掲載された基準価額
ゴルフ会員権	取引価格×70％（預託金がない場合）
宝石・貴金属	実際の取引価格や鑑定結果
自家用車	亡くなった日の時価
絵画	亡くなった日の時価
借入金	要返済額

※普通預金の場合。定期預金や定期積金など、定期性の預貯金は利息をプラスして評価します

相続税の計算法②

生前贈与の財産など相続財産に加える贈与は24年から7年前までさかのぼる

該当者 全員

期限 できるだけ早く

相続税がかかる財産は、故人が亡くなった時点で所有していた財産だけではありません。「みなし相続財産」や「生前贈与財産」も含まれます。

「みなし相続財産」は、死亡保険金や死亡退職金などのことです。死亡保険金と死亡退職金は500万円×法定相続人の数までは非課税ですが、残りの部分は相続税の対象になります。「生前贈与財産」は、故人が亡くなる前に相続人に贈与された財産のことです。2024年からは7年(※)以内に贈与された財産はすべて含まれます。また、相続時精算課税制度(222~223ページ)によって贈与された財産も含まれます。

相続税を計算するときには、これらを相続財産として加えることが必要です。

一方、相続財産からマイナスできるものもあります。借金などの債務や、墓などの非課税遺産、故人の葬式費用はその一例です。もれなく集計し、財産からマイナスすることで相続税の負担が軽くなりますので忘れないようにしましょう。

これらを増減して、算出した相続財産を「課税価格の合計額」といいます。

相続財産にプラスする財産、マイナスする財産

＋ プラスする財産

生前贈与財産

故人が亡くなる前に相続人たちに贈与された財産のことを指す。現金や、有価証券などがその代表例。相続が発生した日から7年前(2024年以降)までさかのぼる必要があるので、注意が必要。相続時精算課税制度(222〜223ページ)によって相続人たちに贈与された財産も含まれる

みなし相続財産

亡くなった時点で故人がもっていたわけではないが、実質的に、故人から相続人へと相続されたと考えられる財産を指す。死亡退職金や死亡保険金がその代表例。ただし、死亡退職金も死亡保険金も、それぞれ500万円×法定相続人数のぶんは非課税となる

ー マイナスする財産

葬式費用

お通夜や告別式の費用、読経料などのお礼、遺体の運搬、火葬・埋葬・納骨にかかった費用は差し引ける。香典返しや初七日法要の費用は差し引けない

非課税遺産

お墓、仏壇、生命保険金の一部(500万円×法定相続人の数)、死亡退職金の一部など。ただし、被相続人が生前に購入したお墓の未払代金は差し引けない

寄付金

国や地方公共団体、特定の公益法人への寄付金。相続・遺贈された財産で、申告期限までに特定の公益信託の信託財産として支出したものも含む

債務

故人が生前に借りていた銀行や消費者金融からの借金は、相続財産から差し引くことができる。ただし、延滞税や加算税は差し引くことはできない

※2024年1月1日以降の贈与から7年に改正され、2030年まで段階的に延長されます。

相続税の計算法③

基礎控除額と比べて相続税がかかるかどうかを判定する

該当者　全員

期限　できるだけ早く

150〜153ページまでの計算法で「課税価格の合計額」が算出できたら、この金額と、基礎控除額を比べましょう。

基礎控除額は、課税対象となる財産の金額からマイナスできる額で、2015年1月より、左ページの式で計算することになりました。この基礎控除額より、課税価格の合計額が多いと相続税がかかり、税務署への申告が必要です。もし基礎控除額のほうが多い場合は、相続税がかからないので、税務署に申告する必要もありません。

2014年以前と比べて、控除額が4割も下がっているので、相続税の対象となる人は以前よりも増えています。実際には申告が必要なのに、計算間違いをして、申告しないでいると追徴税が発生する場合があるので、慎重に計算しましょう。基礎控除額を超えるか超えないか微妙なときは、安全策として申告することを検討しましょう。

課税価格の合計額から基礎控除額をマイナスした金額は「課税遺産総額」といいます。これが相続税を計算するときの元となる金額です。

相続税がかかるかどうかを調べるには？

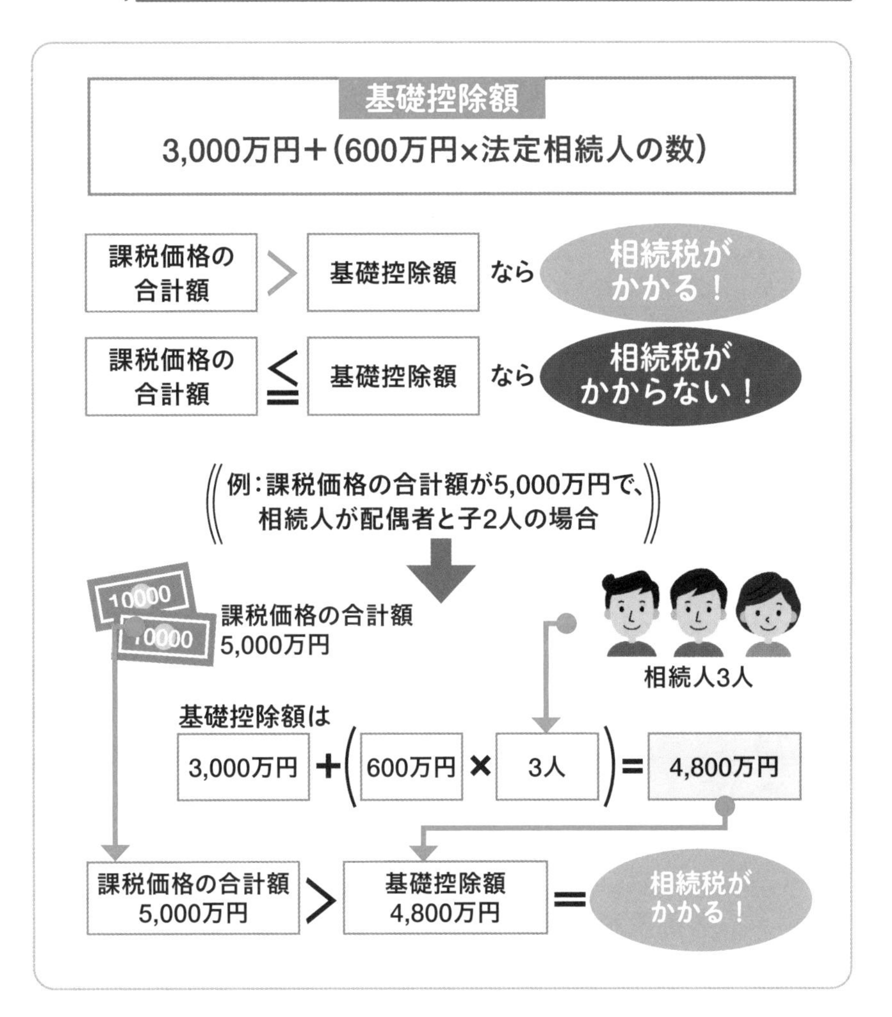
基礎控除額
3,000万円＋(600万円×法定相続人の数)
課税価格の合計額
＞
基礎控除額
なら
相続税がかかる！
課税価格の合計額
≦
基礎控除額
なら
相続税がかからない！
例：課税価格の合計額が5,000万円で、
相続人が配偶者と子2人の場合
課税価格の合計額
5,000万円
相続人3人
基礎控除額は
3,000万円 ＋ (600万円 × 3人) ＝ 4,800万円
課税価格の合計額
5,000万円
＞
基礎控除額
4,800万円
＝
相続税がかかる！

基礎控除額・早見表

法定相続人	1人	2人	3人	4人	5人
基礎控除額	3,600万円	4,200万円	4,800万円	5,400万円	6,000万円

相続税の
計算法④

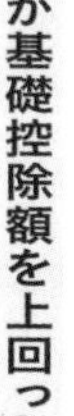
該当者
相続財産が基礎控除額を上回った人

期限
できるだけ早く

4つのステップで個々の支払いぶんをはじき出す

155ページまでで算出した「課税遺産総額」を元に、以下の4つの手順で相続税額を算出します。一つひとつ解説しましょう。

1 課税遺産総額を法定相続分で分ける

法定相続分とは、民法で決められた遺産相続の割合（112ページ参照）。配偶者と子2人なら配偶者が1／2、子が各1／4などと決められています。遺産相続のときに、この法定相続分を使ったかどうかは関係なく、あくまで計算するための処置として、課税遺産総額を法定相続分で分けます。

例：法定相続人が、妻と子2人の場合。法定相続分は、妻は1／2、子は1／2を2人で折半して1／4を相続する。

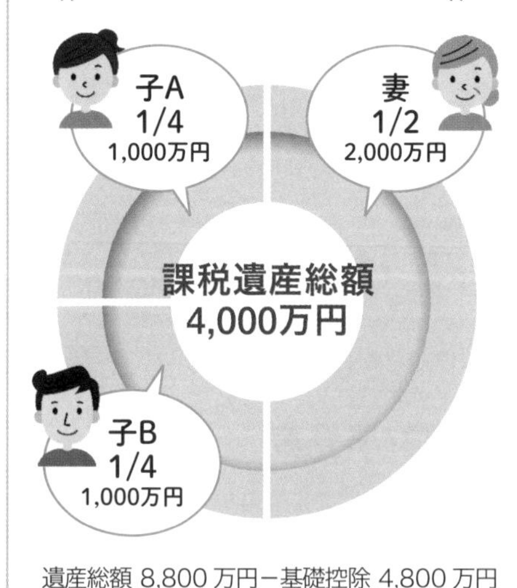

遺産総額 8,800万円－基礎控除 4,800万円
＝課税遺産総額 4,000万円

②
相続人ごとに相続税を計算する

法定相続分によって分けた金額を元に、相続人ごとの相続税を計算します。相続税は以下の表のような税率になっています。なお、2015年1月から、6億円超の部分で税率が50%から55%に上がりました。

相続税の税率

法定相続分に応ずる取得金額	税率	控除額
1,000万円以下	10%	—
3,000万円以下	15%	50万円
5,000万円以下	20%	200万円
1億円以下	30%	700万円
2億円以下	40%	1,700万円
3億円以下	45%	2,700万円
6億円以下	50%	4,200万円
6億円超	55%	7,200万円

例：課税遺産総額4,000万円を妻が2,000万円、子2人が各1,000万円ずつを相続すると仮定

2,000万円×15%（税率）－50万円（控除額）＝250万円

1,000万円×10%（税率）＝100万円

1,000万円×10%（税率）＝100万円

③ いったん、すべて足す

157ページの計算法②で算出した各相続人の相続税額を、いったん、すべて足します。

妻 250万円	＋	子A 100万円	＋	子B 100万円	→	450万円

④ 実際の相続分で分け合う

計算法③で足した相続税の総額を、実際に遺産相続したぶんの割合で分配します。これが暫定的な負担額です。

例：実際には、妻が4/5、子2人が1/10ずつ相続した場合

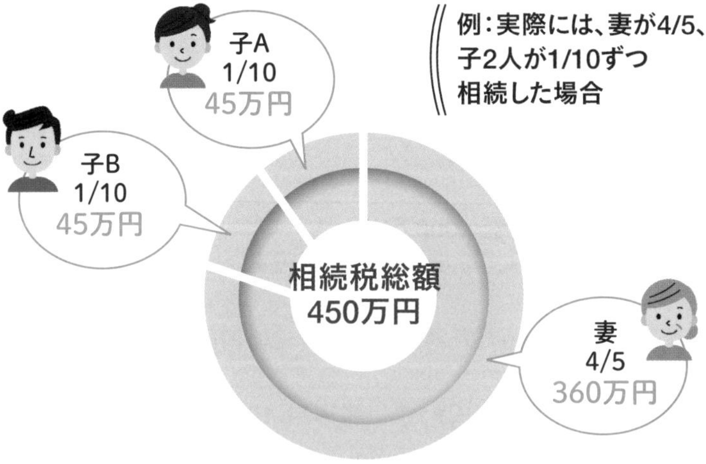

子A
1/10
45万円

子B
1/10
45万円

相続税総額
450万円

妻
4/5
360万円

※妻は配偶者控除（→160ページ）の適用を受けることができます

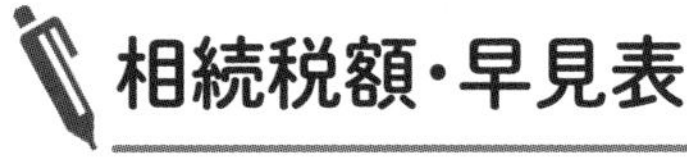

相続税額・早見表

相続財産の額と相続人の数から簡単に相続税の総額がわかります。

配偶者がいる場合

相続財産 基礎控除額控除前の 課税価格の合計額	子ども1人	子ども2人	子ども3人	子ども4人
6,000万円	90万円	60万円	30万円	0
8,000万円	235万円	175万円	138万円	100万円
1億円	385万円	315万円	263万円	225万円
1億5,000万円	920万円	748万円	665万円	588万円
2億円	1,670万円	1,350万円	1,218万円	1,125万円
2億5,000万円	2,460万円	1,985万円	1,800万円	1,688万円
3億円	3,460万円	2,860万円	2,540万円	2,350万円
4億円	5,460万円	4,610万円	4,155万円	3,850万円
5億円	7,605万円	6,555万円	5,963万円	5,500万円
10億円	1億9,750万円	1億7,810万円	1億6,635万円	1億5,650万円

配偶者がいない場合

相続財産 基礎控除額控除前の 課税価格の合計額	子ども1人	子ども2人	子ども3人	子ども4人
6,000万円	310万円	180万円	120万円	60万円
8,000万円	680万円	470万円	330万円	260万円
1億円	1,220万円	770万円	630万円	490万円
1億5,000万円	2,860万円	1,840万円	1,440万円	1,240万円
2億円	4,860万円	3,340万円	2,460万円	2,120万円
2億5,000万円	6,930万円	4,920万円	3,960万円	3,120万円
3億円	9,180万円	6,920万円	5,460万円	4,580万円
4億円	1億4,000万円	1億920万円	8,980万円	7,580万円
5億円	1億9,000万円	1億5,210万円	1億2,980万円	1億1,040万円
10億円	4億5,820万円	3億9,500万円	3億5,000万円	3億1,770万円

※配偶者は、配偶者控除(→160ページ)が適用されていると考えています
※法定相続分どおりに相続した場合の金額です

相続税の計算法⑤

配偶者や未成年者、小規模宅地など控除項目がないかチェックする

該当者 配偶者や未成年者など

期限 税務署に申告するまで

以上で算出した相続税額をすべて支払う必要があるかというと、そうとは限りません。相続税の負担が軽くなる、さまざまな控除が用意されています。

たとえば、配偶者の税額軽減です。配偶者は1億6000万円か法定相続分のうち、どちらか多いほうの金額は、非課税で相続できます。この控除は大きく、配偶者は相続税がかからないことがほとんどです。

また、「小規模宅地等の特例」も控除額が大きく、自宅やお店などの土地は、一定面積まで評価額が5割か8割減額されます（詳しくは170ページ参照）。いずれも、自動的に控除されるわけではなく、所定の書類を提出する必要があるので、忘れずに申告しましょう。

一方で、相続税の負担が重くなる例もあります。「相続税の2割加算」がそれ。配偶者や子ども、親といった1親等以外の人、たとえば亡くなった方のきょうだいや祖父母が遺産をもらった場合は、相続税は2割増しになります。

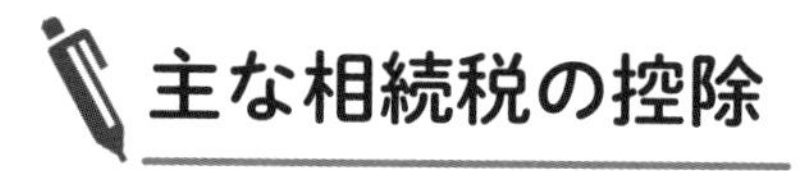

主な相続税の控除

小規模宅地等の特例

（詳しくは170ページで）

故人が自宅や事業などに使っていた土地は、一定の面積まで、土地の評価額が5割か8割、減額される。そのぶん、相続税額が下がる

贈与税額の控除

故人から相続開始前３年以内に贈与された財産は相続税の対象となるが、贈与されたときに納めた贈与税は相続税から差し引くことができる

未成年者控除・障害者控除

相続人が未成年者なら18歳※になるまでは１年につき10万円、障害者なら85歳になるまでの年数×10万円を控除できる（特別障害者なら20万円）。控除額が大きく、未成年者や障害者の相続税額から差し引いても余る場合は、残りの金額を、その扶養義務者（配偶者や直系親族など）の相続税額から差し引ける

配偶者の税額軽減

配偶者は、１億6,000万円か法定相続分、どちらか多いほうの金額までなら、相続税がかかることなく、相続することができる。配偶者の法定相続分は子と一緒なら1/2、父母なら2/3、兄弟姉妹なら3/4。課税価格の合計額のうち、この割合が非課税となる

負担が増える例も……

相続税の2割加算

配偶者や子ども、親といった１親等以外の人、たとえば亡くなった方のきょうだいや祖父母が遺産をもらった場合、相続税は２割増しになる

相次相続控除（そうじそうぞくこうじょ）

10年以内に２回以上の相続があったら、１回目に払った相続税の一部分を２回目の相続税からマイナスできる。１回目と２回目のあいだの年数が長いほど、控除額は少なくなる

※民法改正により成人が20歳から18歳に変更。2022年４月以降の相続から、未成年控除の対象は20歳未満から18歳未満に改正されました。

土地の評価
①

該当者　故人が土地を所有していた人

期限　できるだけ早く

土地の評価額を計算するには？
土地の種類によって評価法は異なる

相続税を計算するときには、まず「相続財産の評価」をすることはすでに述べましたが、その評価次第で、税金の額が大きく変わってくるのが「土地」です。

土地の価格は、その種別によって、さまざまな評価方法があります。

たとえば、自宅や賃貸アパートなどが建つ「宅地」は、地域によって「路線価方式」と「倍率方式」の2種類の評価方法があります。路線価方式は、宅地が面する道路の価格と、土地の面積を掛け合わせる方法です。もっとも、2つの道路が重なる場所だと、路線価が2つあり、単純に計算できません。また、自宅の土地の一部を貸駐車場として貸している場合、利用単位ごとに土地を評価するので、自宅部分と貸駐車場部分とに区分してそれぞれ評価を行うことになります。

不動産関係の申告は複雑なので、税理士など専門家の力を借りるほうが無難ですが、評価額がどのくらいなのか見当をつけたり、税理士と話したりするときの基礎知識として、知っておいて損はないでしょう。

土地はどのように評価されるのか？

1 宅地

自宅や賃貸アパート、オフィスビルなどの建物が建つ土地のこと。評価額の計算方法は「路線価方式」と「倍率方式」の2つがある。路線価方式は、宅地が面している道路につけられた「路線価」によって評価する方式。一方、倍率方式は、固定資産税評価額に、国税庁が定めた評価倍率を掛けて評価額を求める方式

2 貸宅地、借地権

貸宅地とは、他人に貸している宅地のこと。借りている人が借地権をもっているので、貸し手といえども自由にできない。だから、土地の更地（さらち）の評価額から借地権の価額をマイナスして評価する。一方、故人が借地権をもっていたなら、更地の評価額に借地権割合を乗じて評価する

3 農地、山林

通常は倍率方式で評価する。ただし、家やお店が多い市街地の農地は、宅地に転用する可能性があるので、宅地比準方式で評価する。具体的には、その農地が宅地だと仮定した場合の価額から、その農地を宅地に転用するときにかかる造成費相当額を控除して評価する

4 雑種地

雑種地とは、貸駐車場などの土地のこと。評価額は、状況が似ている近隣の土地（近傍地）の1㎡あたりの価額を調べ、面積をかけて求める

土地の評価
②

路線価方式か倍率方式かを見分けるには？

該当者　故人が土地を所有していた人

期限　できるだけ早く

故人が所有していた土地の評価額の計算方式には、「路線価方式」と「倍率方式」の2つがあることを、前ページでお伝えしましたが、どちらを用いるかは、故人の土地に路線価が設定されているかどうかで決まります。どちらの方式かは、国税庁のホームページ（左図参照）で確認できます。次の要領でチェックしてみてください。

①「路線価図・評価倍率表」のページ（https://www.rosenka.nta.go.jp）へ
該当する年号をクリックしたあと、該当する都道府県をクリックしてください。

②「一般の土地等用」をクリック
すると、「財産評価基準書」のページに飛びます。「評価倍率表」の「一般の土地等用」をクリックしたあと、該当の市区町村のページへ。

③宅地の欄をチェック
「固定資産税評価額に乗ずる倍率等」の「宅地」の欄を確認します。「路線」なら路線価方式、数値が書いてあれば倍率方式を意味します。

路線価方式か倍率方式かの調べ方

1 国税庁の「路線価図・評価倍率表」のページへ

https://www.rosenka.nta.go.jp
該当する年号をクリックし、飛んだページで都道府県を選ぶ

2 「一般の土地等用」をクリック

「路線価図」の画面から、「評価倍率」の「一般の土地等用」をクリックする

3 宅地の欄をチェック

「固定資産税評価額に乗ずる倍率等」の「宅地」の欄を確認する

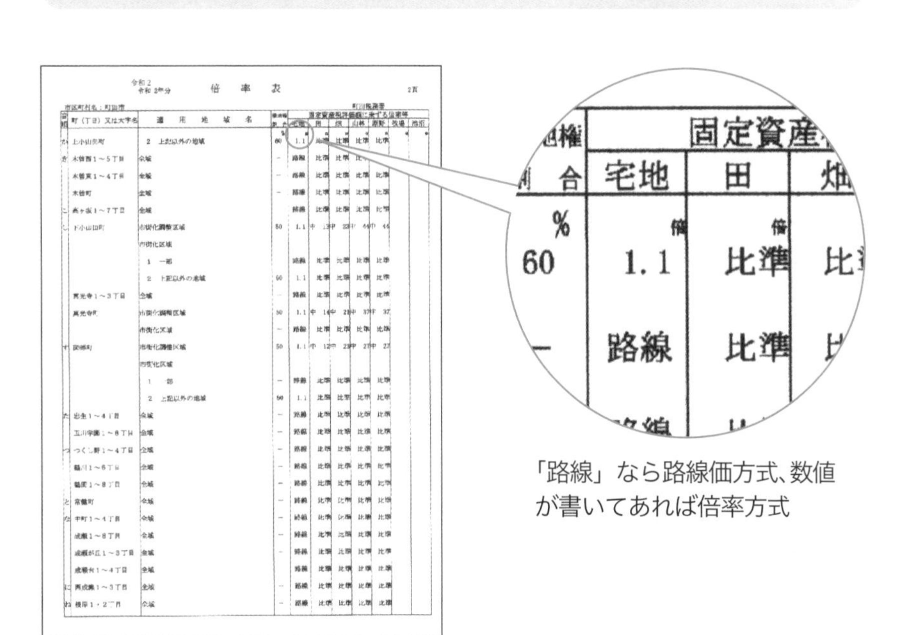

「路線」なら路線価方式、数値が書いてあれば倍率方式

土地の評価
③

路線価方式の土地はどのように評価されるか

該当者　故人の土地が路線価方式だった人

期限　できるだけ早く

路線価方式の場合は、どのように計算すればよいのでしょうか。

まずは国税庁のホームページで、路線価を調べましょう。165ページの上にあるページにアクセスしたら、「路線価図」をクリックします。そして、故人の土地の住所をクリックすると、左ページ上のような地図が表示されます。その地図の道路に書かれた金額が、路線価です。

路線価とは、道路に面する宅地の1㎡当たりの評価額のこと。千円単位で表示されています。「550C」と書かれていたら、1㎡＝55万円を意味しています。この路線価に故人の土地の広さを掛けると、評価額が算出できます。

同じ面積でも、「うなぎの寝床のように、間口が狭くて奥行きがある」といった標準的ではない土地の場合は、奥行価格補正率や間口狭小補正率、奥行長大補正率などの「補正率」を掛けて、調整します。補正率は国税庁のホームページで調べられるので検索してみてください。

路線価図はどう見ればよいか？

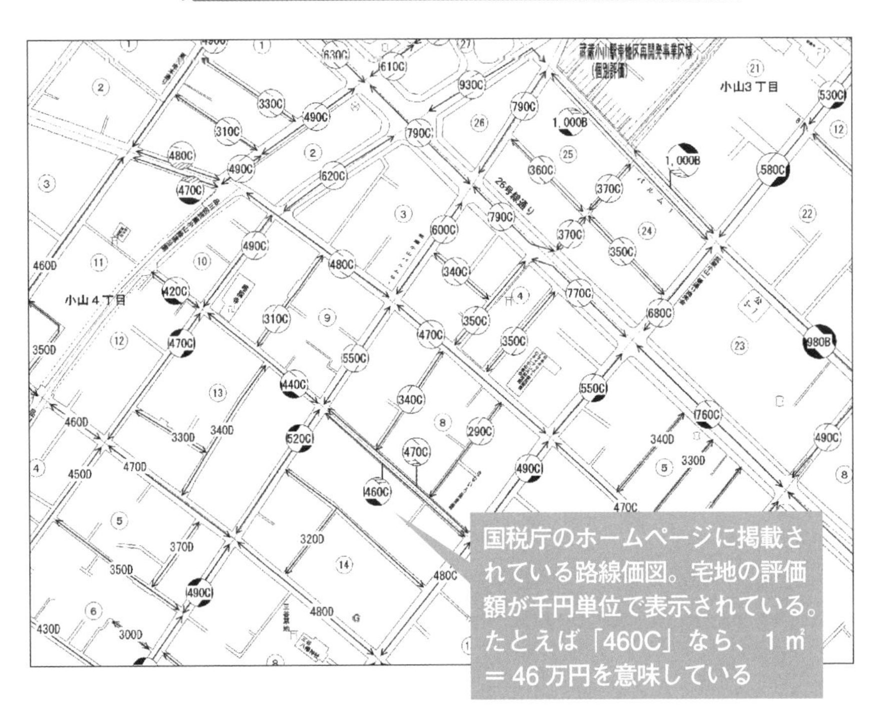

国税庁のホームページに掲載されている路線価図。宅地の評価額が千円単位で表示されている。たとえば「460C」なら、1㎡＝46万円を意味している

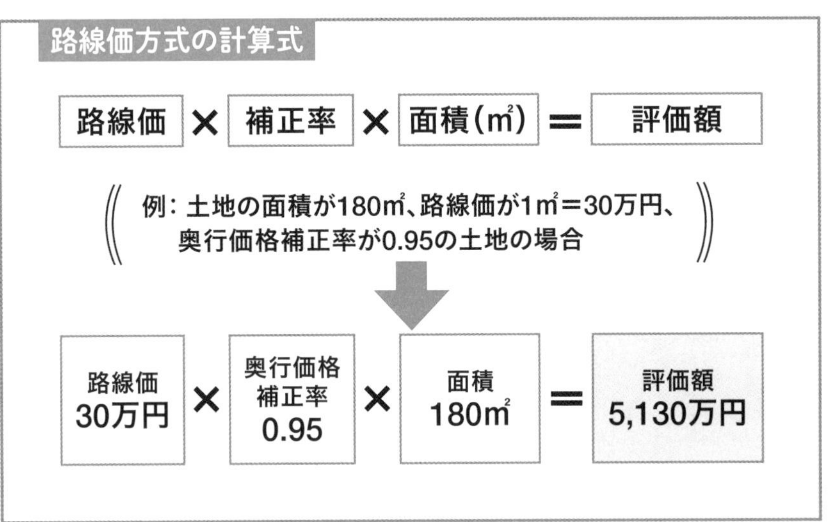

路線価方式の計算式
路線価 × 補正率 × 面積（㎡） ＝ 評価額
例：土地の面積が180㎡、路線価が1㎡＝30万円、
奥行価格補正率が0.95の土地の場合
路線価 30万円 × 奥行価格補正率 0.95 × 面積 180㎡ ＝ 評価額 5,130万円

土地の評価 ④

倍率方式の土地はどのように評価されるか

該当者 故人の土地が倍率方式だった人

期限 できるだけ早く

一方、路線価が設定されていない土地の場合は、「倍率方式」で計算することになります。市街地以外の土地は、倍率方式のほうが一般的です。

倍率方式の場合の計算方法は、路線価方式よりもシンプルで、その土地の固定資産税評価額に一定の倍率を乗じて計算します。

固定資産税の評価額に関しては、毎年市区町村から送られてくる固定資産税の納税通知書に同封されている「固定資産税・都市計画税課税明細書」に記載されています。必ず故人の元に届いているはずですが、確認せずに捨てている可能性もあります。この明細書が見つからなければ、故人がもっていた土地を管轄する都税事務所や市区町村役場で確認しましょう。

「一定の倍率」に関しては、164ページでご紹介した、国税庁のホームページの「評価倍率表」で調べられます。その倍率表に、町ごとの倍率が詳細に載っているので、チェックしましょう。

固定資産税評価額の調べ方

令和２年度　固定資産税・都市計画税課税明細書

土地の所在	登記地目	登記地積　㎡	価格　円	固定前年度 課標等　円
	現況地目	現況地積　㎡	固定本則課税 標準額　円	固定課税 標準額　円
	非課税地目	非課税地積　㎡	都計本則課税 標準額　円	固定資産税 (相当)額　円
○○町 1丁目2番3	宅地	120	45,000,000	
	宅地	120	7,500,000	

東京都の場合、「固定資産税・都市計画税課税明細書」の「価格」欄に載っている金額が、固定資産税評価額です。自治体によって異なる場合があるので注意

倍率方式の計算式

固定資産税評価額  **倍率** ＝ **評価額**

（例：固定資産税評価額が 4,000 万円で、
倍率が 1.1 の土地の場合）

固定資産税評価額 4,000万円  **倍率 1.1** ＝ **評価額 4,400万円**

土地の評価⑤

「小規模宅地」に該当すれば土地の評価は50〜80％減

該当者　故人が土地を所有していた人

期限　基本的に10カ月以内

相続税の土地の評価を考えるときに、忘れてはならないのは、「小規模宅地等の特例」です。この特例の条件に合致する土地だと、土地の評価額がなんと8割減、もしくは5割減になります。一定の面積に限られますが、効果は大きく、数百万円単位の減税になることも珍しくありません。

条件は大きく分けると、「土地のタイプ」と、「相続する人」があります。

まず土地のタイプに関しては、故人が亡くなる直前まで、「自ら住んでいた」「事業を営んでいた」「人に貸していた」、いずれかの土地が対象です。

居住用や事業用の場合は土地の評価額が8割、賃貸は5割が減額されます。

相続する人に関しては、居住用の場合は配偶者か同居親族（いなければ、別居していた親族）、事業用の場合は親族である必要があります。居住用の場合は、故人の配偶者を除き、相続人は10カ月間、その土地を所有し続けなければなりません。また、同居していた親族なら、住み続ける必要もあります。

小規模宅地等の特例が適用される土地とは？

宅地の種類	自宅として住んでいた（特定居住用宅地等）※1	店舗や事業を営んでいた（特定事業用宅地等）※2	人に貸していた（賃貸マンションや貸し駐車場など）＝貸付事業用宅地等
相続する人	配偶者、同居していた親族（両方ともいなければ、故人と別居していた親族）	親族	親族
減額される割合	8割	8割	5割
減額対象となる土地の面積	330㎡	400㎡	200㎡
備考	同居親族なら、相続税申告期限まで引き続き住み続けること、別居親族は相続税申告期限まで宅地等を保有していることが必要	相続税申告期限までその宅地等を保有し、事業を続けることが必要	相続税申告期限までその宅地等を保有し、事業を続けることが必要 ※3

※1と※2は併用することで最大730㎡が8割引となります
※3　相続開始前3年以内に新たに貸付けられた宅地等は対象とならないケースもあります
注：「親族」とは配偶者・6親等内の血族、3親等内の姻族のこと

持ち家があると適用外
「小規模宅地等の特例」に該当しない事例に注意

故人が土地を所有していた人

期限

基本的に10カ月以内

「小規模宅地等の特例」は、非常に大きな控除ですが、前項で述べた以外にも、さまざまな条件があります。また、２０１８年4月1日以降、若干要件が厳しくなっています。たった１つの条件を満たさなかったばかりに、適用されないケースがあるので、ご注意ください。

たとえば、故人と別居していた親族が、自分で買った家に住んでいる場合、故人が住んでいた土地を相続しても、特例を受けることはできません。小規模宅地等の特例は、故人の配偶者などが住む家に困らないようにできたものであり、「住む家がある」人には適用されないのです。さらに、相続開始からさかのぼって3年間は自分の家に住んでいないことが条件なので、あわてて家を売っても、意味がありません。

また、条件を満たしていても、申告しなければ適用されません。

一方、かつては二世帯住宅だと適用されないケースがありましたが、近年は条件が緩和されました。いずれにしても、一度は専門家に相談することをおすすめします。

「小規模宅地等の特例」の計算式
(適用前と後の比較)

相続する財産

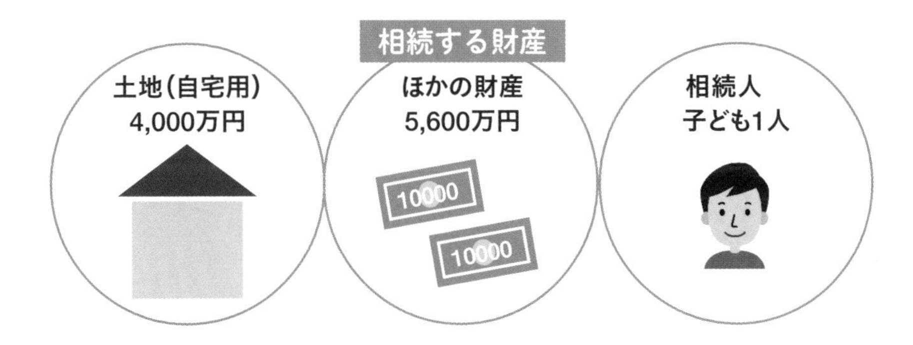

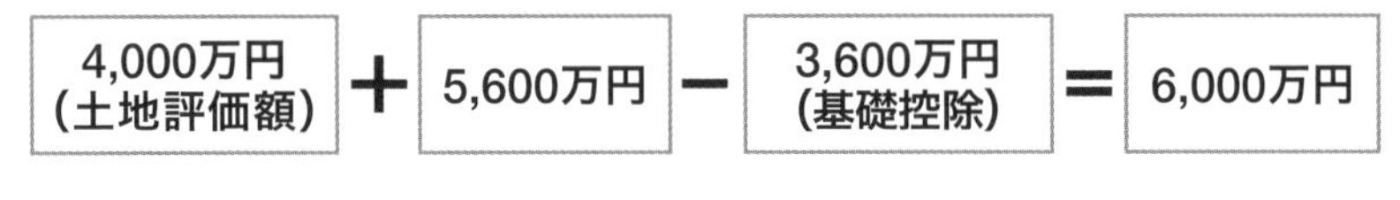

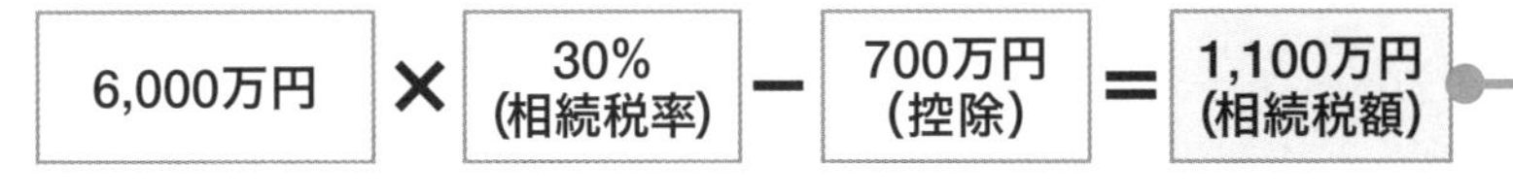

6,000万円 × 30%(相続税率) − 700万円(控除) = 1,100万円(相続税額)

小規模宅地等の特例が適用されるケース

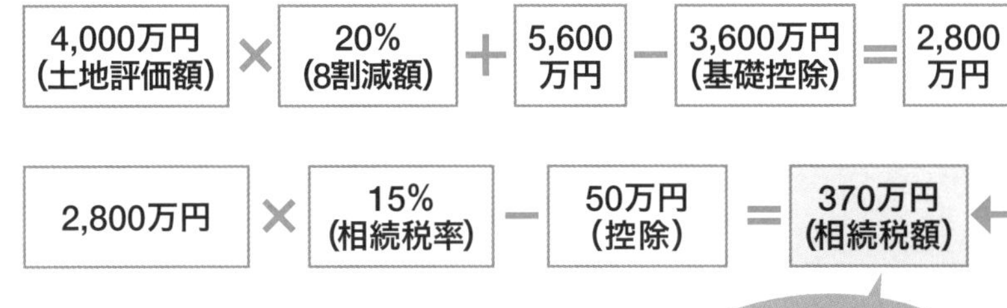

4,000万円(土地評価額) × 20%(8割減額) + 5,600万円 − 3,600万円(基礎控除) = 2,800万円
2,800万円 × 15%(相続税率) − 50万円(控除) = 370万円(相続税額)

730万円もの減税!

株式の評価
①

上場企業の株式の金額を計算するには？亡くなった日などの終値で決まる

該当者　故人が上場株式をもっていた人

期限　できるだけ早く

「株式」もまた、相続財産の評価をするときに複雑な計算が必要な財産です。保有している株式が証券取引所に上場しているかどうかで、評価の仕方が異なります。

上場している株式の場合は、評価額は、亡くなった日（課税時期）の終値（おわりね）によって決まります。もし、亡くなった日が、証券取引所の休日だったときには、亡くなった日にもっとも近い日の終値によって評価します。

土日の場合も同様で、たとえば亡くなったのが日曜日で、金曜日（前々日）と月曜日（翌日）の両方に終値があるときは、もっとも近い月曜日の終値となります。また、亡くなったのが祝日で前日と翌日の終値があるときは、その平均値となります。

ただし、「亡くなった月」か、「その前月」か、「その前々月」の「1カ月の最終価格の平均価格」のなかから最も低い価格を選んで、評価の基準に使うこともできます。

上場株式の株価は激しく変動することも多く、幅をもたせています。低い価格を選ぶことで、相続税は少なくすむ可能性があるので、忘れずに活用しましょう。

上場株式はどう評価するのか？

以下の４種類のなかから選べる。もっとも低い価格を選んでよい

①亡くなった日の終値

証券取引所が休日だった場合は、亡くなった日にもっとも近い日の終値。亡くなったのが祝日で、前日と翌日の終値があるときは、その平均値をとる

④亡くなった前々月の終値の平均値

③亡くなった前月の終値の平均値

②亡くなった月の終値の平均値

評価基準には、①②③④のなかから、最も低い価格を選んでOK。亡くなった日に株価が高騰した場合に、多額の評価額を申告しなくてすみます

株式の評価
②

非上場株式の金額を計算するには「原則的評価」と「特例的評価」がある

該当者　故人が非上場株式をもっていた人

期限　できるだけ早く

一方、東証などに上場していない「非上場株式」の場合は、少々手間のかかる計算が必要です。まず、非上場株式の評価方式は、大きく分けて「原則的評価方式」と「特例的評価方式」の２つがあります。

「原則的評価方式」は、株式を発行した会社を、従業員数や総資産価額、売上高によって、会社規模を大・中・小、いずれかに区分する方式。その会社規模に応じて、評価方式が異なります。

大会社の場合は「類似業種比準方式」、小会社の場合は「純資産価額方式」、中会社の場合はその両方を併用するといった具合です。

一方、「特例的評価方式」とは、直近2年間の配当金額を元に、評価額を算出する方式で、配当還元方式と呼ばれます。

一般に、株式を相続した人が同族株主なら「原則的評価方式」を、少数株主の場合は「特例的評価方式」を用いて、計算します。

非上場株式の評価方式を調べる3ステップ

START

「原則的評価方式」か「特例的評価方式」をチェック

同族株主の人（ただし、議決権割合が５割以上の人がいる場合は、その人だけが同族株主となる）は  「原則的評価方式」  Bへ

それ以外の人は → 「特例的評価方式」  Aへ

A 特例的評価方式

「特例的評価方式」に当てはまる場合は、「配当還元方式」で計算

例：1株当たりの年間配当金額が、今年が40円、前年が30円。
1株当たりの資本金が20円

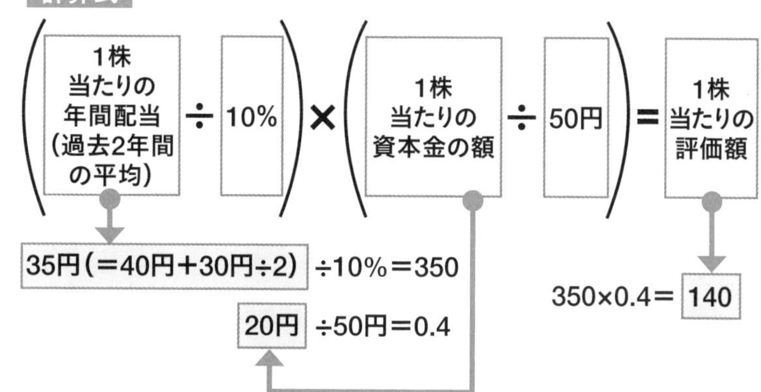

B 原則的評価方式

「原則的評価方式」に当てはまる場合は、会社規模から、どの計算方式を用いるかをチェック

区分規模	区分の内容		総資産価額（帳簿価額によって計算した金額）及び従業員数	直前期末以前1年間における取引金額
大会社	従業員数が70人以上の会社又は右のいずれか一に該当する会社	卸売業	20億円以上（従業員数が35人以下の会社を除く）	30億円以上
		小売・サービス業	15億円以上（従業員数が35人以下の会社を除く）	20億円以上
		卸売業、小売・サービス業以外	15億円以上（従業員数が35人以下の会社を除く）	15億円以上
中会社	従業員数が70人未満の会社で右のいずれか一に該当する会社（大会社に該当する場合を除く）	卸売業	7,000万円以上（従業員が5人以下の会社を除く）	2億円以上30億円未満
		小売・サービス業	4,000万円以上（従業員数が5人以下の会社を除く）	6,000万円以上20億円未満
		卸売業、小売・サービス業以外	5,000万円以上（従業員数が5人以下の会社を除く）	8,000万円以上15億円未満
小会社	従業員数が70人未満の会社で右のいずれにも該当する会社	卸売業	7,000万円未満又は従業員数が5人以下	2億円未満
		小売・サービス業	4,000万円未満又は従業員数が5人以下	6,000万円未満
		卸売業、小売・サービス業以外	5,000万円未満又は従業員数が5人以下	8,000万円未満

中会社の大中小の判定は、従業員数と総資産価額のいずれか小さいほう（A）と、取引金額（B）とを比較し、（A）と（B）のうち大きいほうで会社規模を判定する。

大会社の場合→Cへ　小会社の場合→Eへ
中会社の場合→Dへ　その他、特定会社の場合→Fへ

大会社の場合

類似業種比準方式で計算(ただし、純資産価額のほうが低ければ純資産価額方式で計算することができる)

D 中会社の場合

類似業種比準方式と純資産価額方式を併用。規模によって以下のいずれかを選択

㊅類似業種比準価額× 0.90 ＋純資産価額× 0.10
㊥類似業種比準価額× 0.75 ＋純資産価額× 0.25
㊫類似業種比準価額× 0.60 ＋純資産価額× 0.40

小会社の場合

純資産価額方式で計算（ただし、類似業種比準価額× 0.50 ＋純資産価額× 0.50 のほうが低ければ、後者で計算することができる）

その他、特定会社の場合

開業後３年未満の会社、純資産価額における株式や土地の割合が一定基準を超える会社などは、純資産価額方式で計算

純資産価額方式とは？

相続税の評価方法によって会社の所有している資産を評価して総資産価額を算出し、その価額から負債や法人税額等相当額をマイナス。残りの金額を発行株式数で割って評価する方法

類似業種比準方式とは？

類似業種の上場企業の株価と、１株当たりの配当金額、利益金額、簿価純資産価額を比べて評価する方法。類似業種の株価は、国税庁ホームページの「類似業種比準価額計算上の業種目及び業種目別株価等」でチェックできる

相続税を申告するには？次の順番で記入するとスムーズ

該当者 全員

期限 10カ月以内

相続税を支払う必要があることがわかったら、すみやかに申告書を作成しましょう。配偶者の税額軽減（160～161ページ）や小規模宅地等の特例（170～171ページ）などによって、支払わずにすむ人でも、申告だけはする必要があります。

申告義務は、誰か一人にではなく、相続人全員にあります。申告書を共同で1通作成したうえで第1表に相続人全員が連署押印し、故人の住所地を所轄する税務署に提出します。

申告書は国税庁のホームページか税務署で入手できます。全部で15表あり、第1表と第2表が総合的な申告書で、あとは「配偶者の税額軽減額の計算書」や「債務及び葬式費用の明細書」など、各項目の詳細を記載する書類になっています。国税庁は、左ページの順序で記入するとスムーズ、とすすめています。249ページからの資料集で、申告書のうちよく使われるものとその注意点を紹介しています。自力でも作成できますが、有料となるものの税理士に依頼すれば、早く、確実にできます。

申告書の記載の順序について

丸数字の順で作成するとスムーズです。

1. 相続税がかかる財産と、故人の債務について、第9表から第15表を作成する。課税財産の評価が必要なものは、「土地及び土地の上に存する権利の評価明細書」「取引相場のない株式（出資）の評価明細書」等を最初に作成しておく

- ❶ **第9表** 生命保険金など
- ❷ **第10表** 退職手当金など
- ❸ **第11・11の2表の付表1〜4** 小規模宅地などの特例・特定計画山林の特例など
- ❹ **第11表** 課税財産
- ❺ **第13表** 債務・葬式費用など
- ❻ **第14表** 相続開始前３年以内の贈与財産など
- ❼ **第15表** 相続財産の種類別価格表

↓

2. 課税価格の合計額と、相続税の総額を計算するため、第１表、第２表を作成する

- ❽ **第1表** 課税価格、相続税額
- ❾ **第2表** 相続税の総額

↓

3. 税額控除の額を計算するため、第４表から第８表までを作成。第１表に税額控除額を移記し、各人が納付すべき相続税額を算定する

- ❿ **第4表** 相続税額の加算金額の計算書、⓫暦年課税分の贈与税額控除額の計算書
- ⓬ **第5表** 配偶者の税額軽減
- ⓭ **第6表** 未成年者控除、障害者控除
- ⓮ **第7表** 相次相続控除
- ⓯ **第8表** 外国税額控除

相続税を申告する際に必要な書類リスト

相続税申告時に必要な書類をまとめました。
チェックリストとしてお使いください。

相続関係人の確認書類

必要書類	請求先	チェック
各相続人の戸籍謄本 (家族全員の記載があるもの) と戸籍の附票 ※コピー、あるいは法定相続情報一覧図の写しでも可	市・区役所	□
亡くなった人の住民票の除票 (省略していないもの)	市・区役所	□
各相続人の住民票 (家族全員の記載があるもの)	市・区役所	□
各相続人の印鑑証明書	市・区役所	□
遺言書の写し	—	□
遺産分割協議書の写し	—	□
相続人関係図	—	□
死亡診断書の写し	病院など	□

メモ 戸籍の附票……戸籍に記載されている人の今までの住所の移動が記録されているもの

財産関係-1

必要書類		請求先	チェック
土地	土地の固定資産税評価証明書または納税通知書	市・区役所	□
	土地の登記事項証明書（各物件ごと）	法務局	□
	公図または地積測量図（各物件ごと）	法務局	□
	実測図	―	□
	貸地・借地の場合は契約書の写し	―	□
建物	建物の固定資産税評価証明書または納税通知書	市・区役所	□
	建物の登記事項証明書（各物件ごと）	法務局	□
	貸家の場合は契約書の写し	―	□
事業用財産	事業用財産の一覧表、決算書等	―	□
現金	手持ち現金、亡くなる直前に預金から引き出した金額の明細	―	□
預貯金	銀行預金残高証明書（亡くなった日現在のもの）	各金融機関	□
	定期性預金の既経過利息計算書	各金融機関	□
	郵便貯金残高証明書（亡くなった日現在のもの）	各郵便局	□
	亡くなった人の通帳のコピー ※たとえ名義が違っても、亡くなった方が出所となっている預金口座は相続財産になるので注意してください	―	□
	遺族の通帳のコピー	―	□

財産関係-2

	必要書類	請求先	チェック
生命保険金等	生命保険金支払通知書	保険会社等	□
	生命保険契約の証券等の資料 ※契約者が相続人であっても実質的に亡くなった方が保険料を負担していた場合は保険は相続財産になるので注意してください	—	□
	満期返戻金のある火災保険・損害保険の証券等の資料（積立火災保険、積立傷害保険など）	—	□
死亡退職金	弔慰金、退職金等の支払通知書	勤務先	□
	小規模企業共済加入対象者の死亡に伴い支給を受ける一時金	—	□
	国家公務員共済組合員等の死亡に伴い遺族が支給を受ける一時金等	—	□
介護保険 健康保険等	払い戻し通知書（該当機関から送られてきます）	—	□
年金	源泉徴収票、未支給年金案内書	—	□
有価証券	上場株式・公社債・投資信託等の残高証明書	証券会社	□
	配当金支払通知書	—	□
	非上場株式の場合は直前３期の法人税申告書等の資料	—	□
ゴルフ 会員権	預託金証書または株券の写し	—	□
電話加入権	電話番号と所在場所	—	□
書画骨董等	書画・骨董・刀剣等の明細書、鑑定評価証明書、写真	—	□
貴金属等	貴金属、宝石等の明細書	—	□
家財	特記すべきものの一覧表	—	□
その他	貸付金・未収地代・未収金等の一覧表	—	□

債務関係

必要書類		請求先	チェック
借入金	銀行等の借入金残高証明書	借入先 金融機関等	□
未払金	未払税金の領収書（固定資産税・所得税・住民税等の納付書）	—	□
	医療費・保険料・公共料金等（亡くなった日現在債務確定のもの）	—	□
その他の債務	明細書	—	□
葬式費用	領収書（ない場合は支払日・支払先・支払金額等の明細）	—	□

その他必要なもの

必要書類	請求先	チェック
亡くなった人の過去３年ぶんの確定申告書控え	—	□
各相続人の相続開始前３年以内の贈与財産の資料・申告書等	—	□
相続時精算課税を選択した贈与財産の資料・申告書等	—	□
前回の相続関係資料・申告書等	—	□
準確定申告に必要な資料	—	□
事業引き継ぎ関係の届出（青色・専従者・給与支払事務所設置等）に関する資料	—	□

期限
&
ペナルティ

10カ月以内に相続税を納めること 申告漏れには重いペナルティがある

該当者 全員

期限 亡くなったことがわかった日の翌日から10カ月以内

繰り返しになりますが、相続税の納付期限は、相続の開始があったことを知った日（多くの場合は亡くなった日）の翌日から10カ月以内です。申告書を提出する期限と同じです。口座引き落としやコンビニエンスストアでは支払うことができず、故人の住んでいた場所の所轄税務署か金融機関で、現金を納付する必要があります。納付期限を過ぎると、追加で延滞税が発生するので、注意しましょう。

また、申告漏れにも注意が必要です。税務署は申告書に不明な点があると、税務調査に訪れます。抜き打ちではなく事前に電話があり、税理士の立ち会いも許されていますが、税務調査を受けた人の8割以上が、何らかの申告漏れを指摘されています。申告漏れがあると、ペナルティとして納めた相続税の5％以上の附帯税（ふたいぜい）が発生し、その額は数十万円単位になることもあり得ます。相続税の申告の間違いに気付いたら、放っておかずに、修正申告をしましょう。税務調査前に自主的に申告すれば、附帯税のうち過少申告加算税の額が少なくすみます。

相続税を正しく納めないと、ペナルティが発生する

計算、申告、期限など、相続税にはこまかい規約があり、これらをきちんと正しく行わないと、ペナルティが発生します。これを追徴税(ついちょうぜい)といいます。

過少申告加算税

修正申告で納める相続税の10%、15%

期限までに申告、納税もしたが、「(金額に) 不足がある」と税務署から指摘されたとき。税額により、相続税の10%か15%を延滞税と重ねて支払わなければならない (調整前に自主的に修正申告をした場合は、5% または 10%)

延滞税

納期限の翌日から 2カ月は年 2.4%
2 カ月を経過すると年 8.7%

納付期限までに完納しないとき。納付が完了する日までの日数に応じた延滞税を納める必要が出てくる。最大でも 1 年ぶんという規定があるが、故意に逃れようとしたときは、遅れた日数すべての期間ぶんの延滞税がかかる

※ただし、令和 5 年 12 月 31 日まで

重加算税

修正申告で納める相続税の35%、40%

隠蔽工作などをして、故意に税金の支払いを逃れようとしたとき。過少申告の場合は増税額の 35%だが、無申告だと更に重い 40%が加算される。加えて、延滞税も同時にかかる

無申告加算税

納税額の5%、15%、20%

期限までに申告・納税しなかったとき。期限後に自主的に申告した場合は 5 %だが、税務調査で無申告を指摘された場合は、納付税額が 50 万円までは 15%、50 万円を超える部分には 20%かかる

該当者　税金を支払う現金が手元にない人

期限　最大20年（延納の場合）

税金を納める現金がなければ「延納」「物納」という方法もある

相続税を支払いたいが、手元に現金がない……。こうしたケースは決して少なくありません。貯金がないという人もいますが、土地や建物で相続したために、現金がないという場合もあります。そんなとき、一定の条件を満たしていれば、「延納」「物納」という方法で支払うこともできます。

延納とは分割払いのことです。相続財産のうち、不動産の価額が4分の3以上を占める場合は、不動産等価額に対応する税額の部分は最大で20年間、それ以外は最大10年間の延納が認められます。ただし、年間0・4％の利子税が発生します。

このほか、不動産等の価額の占める割合により5年から20年の延納期限（利子税は0・1～0・7％※）が定められています。

一方、物納とは、物で支払うことです。延納でも相続税が支払えない場合に限って認められ、国債や不動産、美術品の一部、それもなければ、株式や社債で支払うことが可能です。

「延納」「物納」は、手元に現金がない場合の救済処置

物納

分割払いでも現金で納税できない場合に認められる。物納できる財産は、以下の通り。財産の種類ごとに順位が決まっていて、原則的には1位か2位で支払う。それらがなければ、3位で支払うことが認められる。金額の評価基準は、時価ではなく、相続財産を評価するときの基準と同じ

[物納できる財産の順位]

1位 国債、地方債、不動産、船舶

2位 社債、株式、証券投資信託の受益証券、貸付信託の受益証券

3位 動産（家財、貴金属、自動車など）

延納

以下の条件を満たす場合は、相続税を分割払いが認められる。認められる期間は、遺産に占める不動産の割合によって異なり、最長20年間。年間0.1〜0.7%※の利子税が発生する

条件1

遺産に不動産をはじめとする現金化しにくい財産が多く、現金で納めることが難しい

条件2

相続税額が10万円を超えている

条件3

担保を提供する（土地や建物、有価証券など。未分割の相続財産は不可。ただし、延納税額が100万円以下で、延納期間が3年以下なら、担保不要）

※令和5年1月1日現在の「延納特例基準割合」で計算

column

6

海外に開設した預金口座に相続税はかかるのか?

最近は海外で働いたり、海外投資を始めたりすることで、海外に預金口座をもつ人も増えています。この口座にも相続税はかかるのでしょうか。

答えは「かかるケースもあれば、かからないケースもある」。というのは、相続税を納める義務の有無は、故人と相続人の国籍や住所、居住期間の組み合わせで決まるからです。代表的な組み合せとして、故人も相続人もずっと日本に住んでいる日本人ならば「居住無制限納税義務者」となり、国外の財産も相続税の対象になります。故人が日本在住の日本人、相続人が海外在住であっても、国外の財産についても相続税の対象となる「非居住無制限納税義務者」となります。日本国内にある財産だけが相続税の対象となる「制限納税業務者」の要件も最近の改正で若干の変更があります。

海外に財産を移せば、申告しなくてもわからないとまことしやかに言う人もいますが、それは大間違い。国外財産の申告漏れが多いので、最近は、国税庁も海外の政府機関などと連携して、その把握に力を注いでいます。

6
章

財産の相続・名義変更手続をすませる

金融機関の手続

銀行や証券会社などの金融機関の手続はどのように行うのか？

該当者　全員

期限　できるだけ早く

相続が起こると、故人名義の預貯金の解約や不動産の名義変更など、財産の種類に応じて多くの手続を行うことになります。死亡の事実が伝わると口座凍結となるため、故人が口座をもっていた金融機関の相続手続きはすみやかに行いましょう。

故人の財産を把握するためにも、このとき、金融機関の窓口で故人が亡くなった日付の「残高証明書」を取得しておきましょう。遺産分割協議のときに参考にしたり、相続税の申告などで使用したりすることができます。相続人全員で請求する必要はなく、遺産分割協議前でも取得できます。

口座にある現金の払い戻しを受けたい場合は、所定の手続が必要です。手順は金融機関によって異なりますが、一般的には相続届出書に相続人全員の署名と実印の押印、戸籍謄本や印鑑証明書などの書類をそろえて該当の金融機関に提出します。

戸籍の代わりに使える「法定相続情報（認証文付き法定相続情報一覧図の写し）」については66ページを参照してください。

金融機関の手続の進め方 ※みずほ銀行の場合

残高証明書を取得するには?

申請できる場所	被相続人の口座がある金融機関の窓口
申請できる人	相続人、遺言執行者、相続財産管理人など相続権利者
必要な書類	・残高証明依頼書 ・被相続人が亡くなったことを確認できる戸籍謄本など※1 ・手続きをする人が相続人、遺言執行者、相続財産管理人などであることがわかる戸籍謄本や審判書など※1 ・手続きをする人の実印、印鑑証明書(発行後6カ月以内)

※1「法定相続情報一覧図の写し」を提出する場合は、原則不要

口座に入った現金を相続・払い戻しするには?

申請できる場所	被相続人の口座がある金融機関の窓口
申請できる人	相続人、遺言執行者、相続財産管理人など相続権利者
必要な書類	**【共通】** ・口座がある金融機関所定の「相続関係届出書」 ・被相続人の預金通帳、証書、キャッシュカードなど ・被相続人や相続人の戸籍謄本など※1 **【「遺産分割協議書」「遺言書」がない場合】** ・法定相続人全員の印鑑証明書(発行日から6カ月以内) **【「遺産分割協議書」がある場合】** ・遺産分割協議書 ・法定相続人全員の印鑑証明書(発行日から6カ月以内) ・手続きをする人の実印 **【「遺言書」があり、受遺者が手続きする場合】** ・遺言書※2 ・相続する人の印鑑証明書(発行日から6カ月以内)※3

※1 提出する戸籍謄本の範囲は被相続人と相続人の関係によって異なります。「法定相続情報一覧図の写し」を提出する場合は、原則不要

※2 公正証書遺言でない場合は、家庭裁判所の検認済証明書が必要

※3 遺言書の内容によっては法定相続人全員分が必要

注:一般的な例。金融機関や相続人などによって必要な書類は異なる場合があるので事前に確認を

ゆうちょ銀行の手続

ゆうちょ銀行は手順が異なるので注意 手続開始から払い戻しまで約1カ月かかる

該当者　故人がゆうちょ銀行の口座をもっている人

期限　できるだけ早く

ゆうちょ銀行は、支店という扱いがないため、全国のゆうちょ銀行、郵便局で、故人の口座の相続手続を受け付けてもらえます（2023年1月現在）。

手続にはまず「遺言書の有無」「相続人の関係図」「代表相続者（手続担当者）」などが記入された「相続確認表」の提出が必要です。その後1～2週間で「必要書類のご案内」が代表相続者に送られてきます。必要書類の内訳は、相続の内容によります。故人と相続人の関係が確認できる戸籍謄本、相続人の印鑑証明書のほか、遺言書や遺産分割協議書の提出を求められることもあります。

これらの書類を、ゆうちょ銀行か郵便局の貯金窓口に提出すると、1～2週間後に、払い戻しの場合は払戻証書が、名義書換の場合は名義書換済みの通帳が送られてきます。払い戻しは、その証書をもって、近くのゆうちょ銀行か郵便局で行います。

また、「法定相続情報（認証文付き法定相続情報一覧図の写し）」（66ページ参照）は、ゆうちょ銀行でも使えます。

ゆうちょ銀行の相続手続の流れ

1 「相続確認表」を提出する

「相続確認表」に、遺言書の有無や相続人の関係図など必要事項を記入。ゆうちょ銀行か郵便局の貯金窓口に提出する。「相続確認表」は窓口のほか、日本郵便のホームページでダウンロードできる

2 「必要書類のご案内」を受け取る

１の申し込みをしてから１～２週間程度で「必要書類のご案内」が届く。案内にそって相続手続に必要な書類を準備する。たとえば、すべての相続人が確認できる戸籍謄本や、相続人の印鑑証明書など。遺言書や遺産分割協議書がある場合はあわせて提出する

3 必要書類を提出する

準備した必要書類を、ゆうちょ銀行か郵便局の貯金窓口に提出する（相続確認表を提出したときと同じ窓口）

4 相続払戻金を受け取る

必要書類を提出すると、１～２週間程度で払い戻しのための証書が送られてくる

株式や
金融商品

株式や投資信託などの相続はどのように行うのか？

該当者　故人が株や投資信託などをもっていた人

期限　できるだけ早く

故人が、株式や債券、投資信託などの金融商品に投資していた場合は、故人が口座を開いていた証券会社に連絡をして、手続をします。

基本的な流れは、192ページの銀行の手続とほぼ同じ。最初にコールセンターなどに連絡して、口座を凍結したあと、所定の申請書類に記入し、戸籍謄本や印鑑証明書などの書類をそろえて申し込みます。

銀行と異なるのは、相続人の代表1人が、必ず、その証券会社の口座を新たに開く必要があること。いきなり解約して、現金化することはできません。売却するには、一度、故人がもっていた株や債券などの名義変更をしたうえで、新設した口座に移さなければいけないからです。移したあとに、そのまま保有してもかまいません。

一方、株式でも、未公開株をもっている場合があります。そのときには、その株を発行している会社に連絡しましょう。すると、多くの場合は、株式事務の代行をしている信託銀行などの窓口を案内されます。

故人がもっていた株式や投信を現金化するには？

※マネックス証券の例

1 身内が亡くなり、相続が発生したことを知らせる

窓口に直接行くか、コールセンターに電話をする。すると、口座が凍結され、故人の口座の残高明細を開示してもらうための書類が送られてくる

2 所定の書類を記入する

法定相続人全員の署名と捺印をした「委任状」を作成し、故人の出生から死亡までが確認できる戸籍謄本、法定相続人全員の印鑑証明書を送付する

3 口座を移動するための手続をする

残高明細が送られてきたら、同封されている「相続資産口座振替依頼書・相続上場株式等移管依頼書」に必要事項を記入し、相続人全員の戸籍謄本などと共に、郵送する。もし、その証券会社に口座をもっていなければ、故人の口座から株などを移動させるために、相続人の代表が新たに口座開設の申し込みをする

4 故人の資産が移動

相続人の代表の口座に、故人の資産が移動する。受け取っていなかった株式の配当金なども、すべて代表の口座に移される

債務

故人が借金を抱えていたら行動は慎重に安易にお金を返してはいけない理由とは？

該当者 故人が借金を抱えていた人

期限 できるだけ早く

故人が銀行などから借金をしている場合があります。その場合は、借りている銀行や消費者金融などに電話で連絡して、亡くなったことを伝えましょう。

その際注意したいのは、相手が返済を求めてきた場合でも、安易にお金を返さないこと。故人の相続財産から一部でもお金を払ってしまうと、「単純承認（借金も相続すると認めること）」と見なされ、相続放棄が認められなくなる可能性があります。また、お金を返さなくても、口頭で「返します」と言うだけで、単純承認と見なされることがあるので、安易に発言しないようにしましょう。

借金を引き継ぐ場合は、引き継ぐ人が、192ページの銀行と同様の手続を踏むことになります。ただし、プラスの財産と違い、相続人同士の話し合いだけで、「1人の相続人だけが債務を引き継いで、あとの相続人は債務から免除」とすることはできません。相続人の1人だけが承継するのであれば、銀行などの債権者の承認を得たうえで、債務を1人にまとめる「免責的債務引受」という契約を交わす必要があります。

借金をしている金融機関などへの電話連絡に注意！

借金は代わりにお支払いいただけますよね？

債権者

少しでも支払うような言動をとったらアウト。「借金を支払う意志がある＝債務を相続する」と見なされてしまい、相続放棄ができなくなることがあります。故人の財産から一部お金を返すと、完全に相続放棄ができなくなるので、気をつけること

故人の借金を調べるには？

銀行……全国銀行個人信用情報センター
https://www.zenginkyo.or.jp/pcic/

消費者金融……日本信用情報機構
https://www.jicc.co.jp/

クレジット会社……シー・アイ・シー
https://www.cic.co.jp/

借金をしている人は、複数の機関から借りていることもよくあります。借金の有無を確認したいなら、上記の信用情報機関で、故人の信用情報を調べてもらいましょう

生命保険金の請求

該当者　故人の生命保険金がおりる人

期限　できるだけ早く

生命保険金の請求は、受取人が1人でできる書類を提出すれば、1週間程度で保険金がおりる

配偶者や子どもなどが受取人になった生命保険に故人が入っていたなら、死亡保険金の請求をしましょう。銀行や株などと違い、ほかの相続人の戸籍謄本などを集める必要はなく、受取人が1人で手続を進めることができます。

亡くなった方の銀行口座は凍結されるので、葬儀代などが不足することがありますが、死亡保険金が早くおりれば、費用の足しになります。所定の書類が保険会社に届いてから1週間以内にはおりるので、すみやかに請求しましょう。

請求の手順は、どの生命保険会社もだいたい同じようなものです。窓口や営業担当者に連絡すると、保険金を申請するための書類が届くので、こちらに記入し、戸籍謄本や住民票などの故人が亡くなったことがわかる公的書類を添付して申請すれば、審査ののちに保険金がおります。

住民票などの取得に時間がかかるときは、市区町村役場に死亡届を届け出たときに取得できる「受理証明書」でも代用が効く場合があるので、問い合わせてみましょう。

故人の死亡保険金を請求するには？

※第一生命の例

1 窓口に連絡し、書類を取り寄せる

コールセンターか担当営業、ほけんショップなどに連絡すると、手続のための書類が郵送か訪問で届く。目安は連絡から１週間前後

2 所定の書類を記入する

所定の死亡保険金請求書に記入したうえ、以下の必要書類を用意する。

・死亡診断書（または死体検案書）
・受取人の本人確認書類のコピー
（契約者と受取人が同一人の場合を除く）
・自動車安全センター発行の交通事故証明書
（交通事故で亡くなった場合のみ）

3 書類を提出する

営業担当者か店舗に、書類を提出する。受取人が行わなければならない

4 保険金がおりる

書類を受け付けてから、１週間程度で保険金が入金される

不動産

故人の不動産は売る場合でも名義変更が必要
司法書士に依頼するのが一般的だが自力でも可

該当者　故人が不動産をもっていた人

期限　できるだけ早く（※）

故人がもっていた不動産を引き継ぐときには、登記名義を移すための登記申請書を法務局に提出します。その不動産を売るとしても、いったん名義変更（相続登記）が必要です（相続による所有権移転登記）。登記申請は司法書士に依頼するのが一般的ですが、自分で書類を作成し、申請することもできます。

作成・提出の必要があるのは、登記申請書（204ページ参照）とそのほかの添付書類です。相続登記では、故人の死亡と相続関係を証明する戸籍謄本等が必要となります。また、あれば遺言書を、なければ遺産分割協議書（印鑑証明書付き）を提出します。名義変更と同時に「法定相続情報（認証文付き法定相続情報一覧図の写し）」（74ページ参照）を取得しておくと後々便利です。

遺言書があるかどうかで、戸籍謄本などの提出書類も変わってくるので注意が必要です。また、遺言書があっても、法定相続人以外に不動産を相続する「遺贈（いぞう）」の場合は、手続の仕方が異なりますので、詳しくは司法書士に相談するとよいでしょう。

※2024年4月1日〜、所有権を取得したことを知った日から3年以内の相続登記が義務化されます。

故人の不動産の名義変更をするには？

申請できる場所	不動産の所在地を管轄する法務局
申請できる人	不動産を取得する相続人
主な必要書類	・登記申請書 ・被相続人の住民票の除票又は戸籍の附票 ・不動産を取得する相続人の住民票又は戸籍の附票 【「遺産分割協議書」の場合】 ・遺産分割協議書 ・被相続人の出生から死亡までの戸籍※ ・全相続人の現在の戸籍※ ・全相続人の印鑑証明書 【「遺言書」の場合】 ・遺言書 (自筆証書遺言の場合は検認済証明書も) ・被相続人の死亡の記載がある戸籍※ ・不動産を取得する相続人の現在の戸籍※
費用	登録免許税 (固定資産評価額 ×4/1,000)

※「法定相続情報一覧図の写し」を提出する場合は、原則不要

「不動産登記申請手続」をクリック

登記申請書は、法務局のホームページでひな形をダウンロードできます

登記申請書の例（遺産分割協議をしたとき）

登　記　申　請　書

登記の目的　　所有権移転

原　　　因　　令和５年２月１日　相続

相　続　人　　（被相続人　法　務　太　郎）

〇〇郡〇〇町〇〇３４番地

（申請人）　持分２分の１　法　務　一　郎　印

〇〇市〇〇町三丁目４５番６号

２分の１　法　務　温　子　印

連絡先の電話番号００－００００－００００

添付情報

登記原因証明情報　住所証明情報

□登記識別情報の通知を希望しません。

令和５年12月14日申請　〇〇法務局　〇〇支局（出張所）

課税価格　金何円

登録免許税　金何円

不動産の表示

不動産番号	１２３４５６７８９０１２３
所　　　在	〇〇市〇〇町一丁目
地　　　番	２３番
地　　　目	宅　地
地　　　積	１２３・４５平方メートル

不動産番号	０９８７６５４３２１０１２
所　　　在	〇〇市〇〇町一丁目２３番地
家屋番号	２３番
種　　　類	居　宅
構　　　造	木造かわらぶき２階建
床　面　積	１階　４３・００平方メートル
	２階　２１・３４平方メートル

亡くなった日を記入する

課税価格には固定資産評価額を書く。1,000円未満は切り捨て

登録免許税は100円未満は切り捨て

不動産の表示は、登記事項証明書に記載されている内容を書く

相続関係説明図の例（遺産分割協議をしたとき）

相続関係説明図

被相続人　法務太郎　相続関係説明図

本籍　○○市○○町○番地

住所　○○市○○町○番地

死亡　令和2年2月1日

（被相続人）法務太郎

住所　○○市○○町○番地

出生　昭和○年○月○日

（分割）法務花子

（分割）とは、「遺産分割協議の結果、相続財産中の不動産を相続しなかった」という意味。相続する場合は（相続人）と記載する

住所　○○郡○○町○○34番地

出生　昭和45年6月7日

（相続人）法務一郎

長男

住所　○○市○○町3丁目45番6号

出生　昭和47年9月5日

（相続人）法務温子

長女

※相続関係説明図を提出した場合は、申請書に添付した戸籍（個人）全部事項証明書（もしくは戸籍謄・抄本）、除籍事項証明書（除籍謄本）を、登記の調査が終わった後に返却してもらうことができます（原本還付の手続）。金融機関等で手続をすることを考えると、原本の還付を受けたほうが便利です

団信

「団信」加入で住宅ローンは支払い免除に抵当権を抹消する手続きも忘れずに行う

該当者 故人が住宅ローンを支払っていた人

期限 できるだけ早く

故人が住宅ローンを支払っている最中に亡くなった場合は、すみやかにローンを支払っている金融機関に連絡しましょう。故人が「団体信用生命保険（団信）」に加入していれば、ローンの支払いは免除になります。

最近は、ほとんどのケースで団信に入っているはずですが、万が一入っていなければ免除にはならないので、念のため確認しましょう。所定の書類を提出したあと、審査に時間がかかり、ローンの返済が続いたとしても、そのぶんはあとで返還されます。

ローンの手続をする一方で、202ページで解説した不動産の名義変更、それに抵当権の抹消手続も行う必要があります。抵当権とは、いわば担保のことで、ローンを支払えなくなったら、ローンの貸し手はその家を競売にかけるなどして、お金に換えることができます。すぐに抹消しなかったからといって、何か不都合なことが起こるわけではありませんが、忘れていると、将来面倒なことになる可能性もあります。銀行から抹消に必要な書類が送られてくるので、すぐに取りかかりましょう。

抵当権を抹消するときの登記申請書の例

登　記　申　請　書

登記の目的　　３番抵当権抹消

抹消する登記　平成１７年３月８日受付第１２３４号抵当権

原　　　因　　令和５年１１月２日弁済（又は「解除」等）

権　利　者　　○○郡○○町○○３４番地
法　務　一　郎

義　務　者　　○○市○○町二丁目１２番地
株式会社○○銀行
（会社法人等番号　１２３４−５６−７８９０１２）

代表取締役　○○○○

添付情報
登記識別情報又は登記済証　　　登記原因証明情報
会社法人等番号　　代理権限証明情報
登記識別情報（登記済証）を提供することができない理由
□不通知　□失効　□失念　□管理支障　□取引円滑障害　□その他（　　　）

令和５年１１月２日申請　○○法務局　○○支局（出張所）

申請人兼義務者代理人　○○郡○○町○○３４番地
法　務　一　郎　　印
連絡先の電話番号００−００００−００００

登録免許税　　金　2,000　円

不動産１個につき 1,000円

不動産の表示

不動産番号	１２３４５６７８９０１２３
所　　在	○○市○○町一丁目
地　　番	５番
地　　目	宅　地
地　　積	２５０・００平方メートル
	（順位番号　３番）

不動産番号	０９８７６５４３２１０１２
所　　在	○○市○○町一丁目５番地
家屋番号	５番
種　　類	居　宅
構　　造	木造かわらぶき平家建
床　面　積	１２０・５３平方メートル
	（順位番号　３番）

メモ　自力で作成することもできるが、一般的には司法書士に依頼することが多い
申請書が複数枚にわたる場合は、各用紙のつづり目に契印をする

自動車

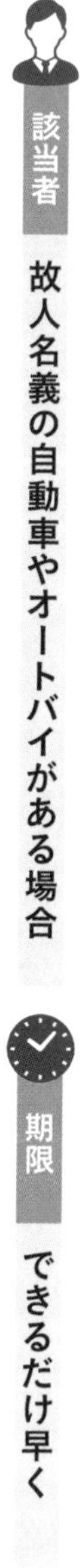

該当者
故人名義の自動車やオートバイがある場合
期限
できるだけ早く

自動車の名義変更の手続も多くの書類が必要 軽自動車は簡単に名義変更ができる

故人の名義の自動車やオートバイがあるなら、名義変更をしましょう。

自動車の場合は、新所有者の使用の本拠の位置を管轄する陸運局で手続をします。所定の移転登録申請書のほか、戸籍謄本や印鑑証明書、車庫証明書など、さまざまな書類の提出が必要です。遺産分割協議をしているかどうかで、手続が異なるので、ご注意ください。名義変更をすれば、自動車税の納税者は自動的に新所有者に変わります。

ちなみに、軽自動車の場合は、戸籍謄本や遺産分割協議書などを用意しなくても、新所有者の住民票と認印があれば、名義変更ができる場合があります。

もう1つ必要なのは、自動車保険の名義変更です。自賠責保険（強制保険）と任意保険、2つの名義を変更する必要があります。手続は陸運局に比べると簡単ですが、会社によっては住民票などの提示を求められることもあります。同居の親族のあいだで名義変更をする場合は、保険の等級も引き継げます。もし保険料を一括で支払い、まだ保険期間が残っていた場合は、そのぶんの保険料を返却してもらえます。

自動車の移転手続はどのように行えばよいか？

申請先	新所有者の使用の本拠の位置を管轄する陸運局 （運輸支局か自動車検査登録事務所）
必要な書類	（共通） ・所定の申請書類（移転登録申請書など） ・自動車検査証 ・故人が亡くなったことと、相続人すべてが確認できる書類（戸籍謄本、または戸籍の全部事項証明書） （相続人全員が手続を行う場合） ・相続人全員の印鑑証明書 ・相続人全員の実印（本人が来られない場合は実印を押印した委任状） ・新所有者以外の相続人全員の譲渡証明書 （遺産分割協議で決まった相続人の代表＝新所有者が手続を行う場合） ・遺産分割協議書（所定の協議書あり。相続人全員の実印が必要。相続する自動車の価格が 100 万円以下であることを確認できる査定資料があれば、「遺産分割協議成立申立書」でも可能） ・新所有者の印鑑証明書 ・新所有者の実印（本人が来られない場合は実印を押印した委任状） ・自動車保管場所証明書（＝車庫証明書。故人と新所有者が同居なら不要）
手数料	500 円（ナンバーの変更がない場合）

メモ

ちなみに、自動二輪は自動車と同様に陸運局で手続をする。一方、125cc 以下の原付バイクは市区町村役場で手続をする。これらはいったん廃車手続をしたあと、改めて登録手続をすることが必要

その他

ゴルフ会員権、デパート友の会、マイレージ…これらも相続手続が必要なのか？

該当者　故人がゴルフ会員権などをもっていた人

期限　特に急がなくてＯＫ

これまで取り挙げたほかにも、故人から引き継ぐ財産はさまざまなものがあります。比較的、金額の大きなものでは、ゴルフ場やリゾートホテルの会員権が挙げられます。これらを相続するときには、ほかの財産と同様に、故人の戸籍謄本や相続人全員の印鑑証明書などが求められます。リゾートマンションは、ほかの人と不動産の権利を共有している場合（共有制）は、通常の不動産の名義変更手続（２０２ページ参照）をする必要があります。売却するにしても、一度引き継がなければなりません。

少額なものでいえば、ＳｕｉｃａやＩＣＯＣＡのようなＩＣ乗車券やデパート友の会の積み立ては、遺族が解約できます。意外なところでは、航空会社のマイレージ。日本航空も全日空も、遺族が故人のマイルを相続できると会員規約に明記されています。ただし、これらは、たとえ少額だとしても、相続手続のときに、戸籍謄本や印鑑証明書、死亡証明書などを求められることがあります。公的書類を取得するときには、計算に入れておきましょう。

故人から引き継ぐ財産には、こんなものもある

デパート友の会積立

月1万円ずつ1年間積み立てると、積み立てぶん＋αの商品券がもらえる、デパートのサービス。この積み立てぶんも払い戻しのうえ、相続できる。窓口に行き、友の会の会員証、除籍謄本のコピー、来店した人の身分証明書、認印などが必要。払い戻しを受けた積み立てぶんは、相続財産として換算されるのでご注意を

ゴルフ会員権

引き継ぐ場合はもちろん、売却する場合でも、ゴルフ場によっては、いったん会員になって名義変更手続を踏まないとできないこともある。名義変更に必要な書類は、ゴルフ場によっても異なるが、多くの場合、相続人全員の署名・捺印のある相続同意書や印鑑証明書、故人の除籍謄本、改製原戸籍などが必要

航空会社のマイレージ

日本航空も全日空も、所定の手続をすることで、遺族が故人のマイルを引き継ぐことができる。引き継ぐ人が新たにその航空会社のマイレージクラブに加入することが必要。ANAの規約では、「亡くなってから6カ月以内に、故人の死亡証明書と、マイルの相続権をもつことを示す書類が必要」とある

リゾートホテル会員権

お金を預けるだけの「預託金制」と、共同で不動産を所有する「共有制」がある。両方共に手続に必要なのは、故人の出生から亡くなるまでがわかる戸籍謄本や、相続する人の印鑑証明書や住民票の写しなど。さらに、共有制の場合には、通常の不動産と同じように、登記申請が必要になる

IC乗車券（SuicaやICOCAなど）

無記名のものなら、公的証明書がなくても解約できる。記名されたものは、窓口に来た相続人の本人確認書類（運転免許証など）のほか、死亡診断書のコピーが必要になる

column

7

家庭裁判所とはどんなところ?

相続関係の手続などで、よく登場する「家庭裁判所」。

地方裁判所あるいはその支部と同じ場所にあり、全国で２５３カ所に上ります。最大の特徴は、すべて非公開で行われること。家庭内の争いの多くは法律とは無関係の感情的なもつれ。法的に白黒をつけても意味はありません。まして、公開の場で争えば、関係はますますこじれてしまいます。そこで、普通の裁判所とは解決手段が違う特殊な裁判所が必要なのです。

家庭にまつわる問題は「家事事件」と呼ばれ、「審判事件」と「調停事件」に分かれます。「子の氏の変更許可」「相続放棄」「名の変更の許可」「後見人の選任」「養子縁組の許可」などは、審判事件。特に対立者がいないので、書類を作成して、審判を受けて、結果を確定するというステップを踏みます。

一方、遺産分割協議書の作成など、相続人同士の争いがある場合は、まず、調停による話し合いでの解決を目指します。それでも解決できなければ審判に移り、それでも解決できなければ、家庭裁判所の手を離れて訴訟に移ります。

7
章

遺族が困らないために生前にしておくこと

エンディングノート

「エンディングノート」を用意する「情報の遺品」についても留意が必要

該当者　本人

期限　生前

エンディングノートとは、自分が認知症になったり亡くなったりしたときに、遺族が困らないように必要事項を書き込む一種の連絡帳です。

自分のことや通帳、印鑑などの保管場所といった財産関係の在り処はもちろん、死亡を知らせてほしい人の連絡先リストや延命治療の希望の有無など、必要だと思われることはすべて記入しておきましょう。本人の備忘録としても活用できます。

また、近年にわかに注目を集めているのが「情報の遺品」です。故人の使っていたパソコン・スマートフォンに残されたデータの処理に困る遺族が増えています。

ネット銀行や有料サイトの利用状況、ＩＤやパスワードはエンディングノートに記載しておき、ＳＮＳは事前に処理する、あるいはこちらもＩＤやパスワードを明記しておくなど、残された家族が困ることのないようにしておきましょう。

また、家族に内緒のメール履歴や見られたくない、知られたくないサイトの登録・閲覧履歴などは、可能であれば消去しておきたいものです。

エンディングノートの項目例

自分について	生年月日、血液型、かかっている病気・病院名、延命治療の希望の有無
自分史	出生から現在までの基本情報（家族、学歴、職歴、これまで住んだ家や場所など）
親戚・友人・知人リスト	（※相続、葬儀の連絡などのため）
財産・相続関係	財産目録、遺言書の有無、譲渡希望、形見分けリスト、不要遺品の指示、通帳や印鑑の保管場所など
保険関係	加入している生命保険、損害保険、厚生年金など各種年金
葬儀／墓について	連絡リスト、互助会の入会の有無、菩提寺への連絡先、葬儀の規模など
ペット	保険、かかりつけの病院、えさなど
各種パスワード	スマートフォン、パソコン、ネットサービス、ＳＮＳ。ＳＮＳなどの処理法
メッセージ	関係者へのお礼の言葉

遺産の分配をめぐる争いを未然に防止するために遺言書を作成する

該当者　本人

期限　生前

遺産の分配をめぐる争いは、遺産の多寡や相続人の数とは関係なく起こります。特に、家族の仲が悪かったり、兄弟間の所得格差が激しかったり、家族関係が複雑だったりする場合は感情的なもつれも加わり、もめごとが発生しやすくなります。

争いの芽を事前に摘んでおく意味でも、ある程度の年齢になったら遺言書を残しておきたいものです。遺言書は、財産の分配方法の指定、子どもの認知、生命保険の受取人の指定など、さまざまな法的な効力をもっています。

１０６ページで「遺言書」には「公正証書遺言」「秘密証書遺言」「自筆証書遺言」があることを説明しましたが、公証人役場で公証人に作成してもらうか自筆したものを法務局で管理してもらう方法などが考えられます。

相続人同士の仲が良ければ、相続でもめる可能性も低くなります。公平な遺言をつくることも必要ですが、旅行や新年会など相続人同士のコミュニケーションの場を意識的に設けることも大切かもしれません。

公正証書遺言を作成するには？

作成できる場所	最寄りの公証役場
作成時に必要な書類	・遺言者本人の印鑑証明書 ・遺言者と相続人との続柄がわかる戸籍謄本 ・（財産を相続人以外の人に遺贈する場合）遺贈される人の住民票 ・（財産のなかに不動産がある場合）不動産の登記事項証明書（登記簿謄本）と、固定資産評価証明書（または固定資産税・都市計画税納税通知書中の課税明細書）
作成手数料	公正証書遺言の作成手数料（2023年1月現在）（下表）
備考	公正証書遺言の作成には、証人2人が必要。遺言者が証人を用意する場合は、証人予定者の名前、住所、生年月日、職業を記したものが必要となる

目的財産の価額	手数料の額
100万円まで	5,000円
200万円まで	7,000円
500万円まで	1万1,000円
1,000万円まで	1万7,000円
3,000万円まで	2万3,000円
5,000万円まで	2万9,000円
1億円まで	4万3,000円
1億円以上3億円まで	4万3,000円＋5,000万円毎に1万3,000円を加算
3億円以上10億円まで	9万5,000円＋5,000万円毎に1万1,000円を加算
10億円を超える部分	24万9,000円＋5,000万円毎に8,000円を加算

遺言執行者

自分の意志にそった遺産相続を実行してくれる遺言執行者を指定しておく

遺産相続では、相続人同士の利害が対立します。遺言書を作成しても、そのとおりに実行されるとは限りません。「誰か1人に遺産の大半を譲る」「財団法人を設立する」といった遺言に対しては、妨害する人が現れても不思議ではないでしょう。

遺言書の内容を確実に実行するためには、生前に「遺言執行者」を指定しておきましょう。遺言執行者とは、遺言の内容を忠実に実行する人のこと。遺言書によって遺言執行者を指定すれば、遺言を実行する法的な権利をもつようになります。財産の処分などの、遺言にそった行動に対して、ほかの相続人は妨げることはできません。

特に、遺言に「子（非嫡出子）の認知」「推定相続人の廃除」「遺産で一般財団法人を設立」などが書かれていたら、それができるのは遺言執行者しかいません。

遺言執行者は相続人のなかからも指名できますが、手間のかかる業務であるうえ、争いの矢面にも立たされます。問題が起こりそうな場合は、弁護士・司法書士などのプロを遺言執行者に指定しておくのも一案です。

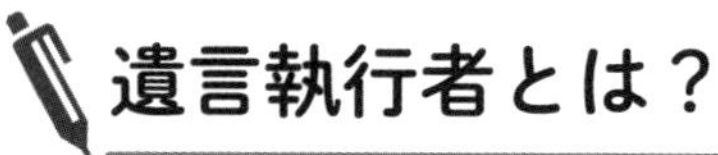

遺言の内容を忠実に実行する人

遺言書で指定しておくことで、遺言執行者は、遺言の内容を執り行う法的権利をもつことができます。この権利をほかの相続人が妨げることはできません。

遺言執行者に指定された人は、拒否することもできます。また、遺言執行者が亡くなっていれば、家庭裁判所で次の候補を指定してもらうことが可能です

遺言執行者の主な仕事

- ●遺言執行者に就任した旨を相続関係者全員に通知
- ●財産目録を作成
- ●不動産、有価証券等の指定相続人への名義変更、預貯金の解約・払い戻しなどの手続
- ◎子（非嫡出子）の認知の手続
- ◎推定相続人の廃除等の手続
- ◎一般財団法人の設立の手続
- ●手続が終了した旨を相続関係者全員に通知

◎の手続を行う法的資格をもつのは、遺言執行者のみ。これらの遺言を残した場合、遺言執行者の指名は不可欠となる

相続税対策を考えるなら「生前」から備えておくことが重要

該当者 相続税を抑えたい人

期限 生前

財産を引き継ぐ方法には、被相続人が亡くなったときに相続人が承継する「相続」と、生前にお互いの合意のもとで財産を渡したい人（相続人に限らない）に引き継ぐ「贈与」があります。生前贈与はいつでも行うことができるため、自分の意志や相手の希望に沿った形で資産を渡すことが可能で、結婚、出産・育児、教育、住宅購入など出費が多い若い世代に早く引き継ぐことができます。資産を有効活用できるだけでなく、相続財産を減らすことで相続税の節税にもつながるのです。

贈与の課税方式には、毎年110万円までの基礎控除の範囲内ならば非課税で税務署への申告も不要な「暦年課税」と、税務署へ届出書を提出すると累計2500万円まで贈与時は非課税で、相続時に贈与で受け取っていた財産を合算する「相続時精算課税」があります。暦年課税は誰にでも贈与することができますが、相続時精算課税は相続財産の先渡しという位置づけのため、贈与者は60歳以上で受贈者は18歳以上の推定相続人および孫のみといった制約が設けられています。

相続と生前贈与の比較

	相続	贈与
定義	亡くなった人の財産、権利、義務などを、一定の関係がある人が承継すること	存命中に、自分の財産を別の人に無償で与える意思表示をし、相手が合意して受け取ること（個人間のやりとりが対象）
対象財産	現金、株などの有価証券、不動産、貴金属などすべての財産。	現金、株などの有価証券、不動産、貴金属など、あらゆる財産
時期	亡くなった時	生前、いつでも
かかる税	相続税（相続を受けた人が納める）	贈与税（贈与を受けた人が納める） 日常の生活費や教育費、出産費用などは、常識の範囲内の額なら贈与税はかからない
注意点	法的に有効な遺言書があれば遺言書に沿って相続を行う。遺言書がなければ、民法に基づく法定相続、または、相続人による分割協議による相続を行う	税務署から贈与と認められるには、贈与契約書を作成しておくと確実。利用する方法は、「暦年課税」と「相続時精算課税」の２種類

生前贈与の税制改正

「暦年贈与」一辺倒の対策から「相続時精算課税」の活用へ

該当者 相続税を抑えたい人

期限 生前

これまで相続税対策として生前贈与を行う場合は、1年110万円という贈与税の基礎控除枠を使い、財産を年単位で子や孫へ少しずつ渡す方法が主流でした。ところが税制改正によって、2024年から使い勝手が大きく変わります。これまでも相続開始前3年以内に行われた生前贈与は相続財産に加算されましたが、今回の改正で7年以内に延長。これまでよりも早めの検討が必要になりました。7年加算ルールは2024年1月1日以降の贈与が対象ですが、経過措置があるためすぐに適用されるわけではありません。完全に実施されるのは2031年1月以降に相続が発生した場合で、それまでは計算方法が複雑になるので注意が必要です。

逆に、活用しやすくなるのが相続時精算課税です。これまでは基本的に相続税の節税効果はありませんでしたが、年110万円の基礎控除が新たに設けられ、基礎控除の範囲内であれば相続財産に加算されず申告も不要です。これにより、改正後は相続時精算課税のほうが相続対策としては有利といえそうです。

暦年贈与と相続時精算課税の改正点

		暦年贈与	相続時精算課税
非課税枠	改正前	年 110 万円 (基礎控除)	累計 2500 万円 (特別控除)
	改正後		**年 110 万円の基礎控除を新設**
相続発生時の贈与財産の扱い	改正前	死亡前 3 年以内は相続財産に加算	特別控除分はすべて相続財産に加算
	改正後	**7 年以内が加算対象に**	**基礎控除分は加算せず**

相続財産の持ち戻し期間が 3 年から 7 年に

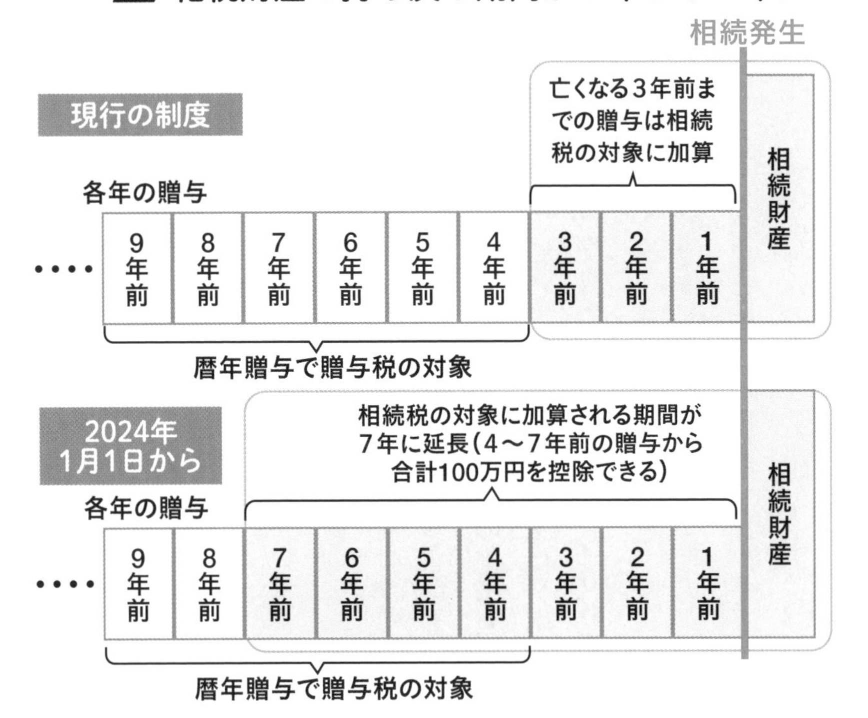

生前贈与の特例

自宅、新居購入資金、教育費…上手に利用したい生前贈与の特例

該当者 自宅や新居購入資金、結婚資金を贈与したい人

期限 限定期間が終了する前

贈与税は高いイメージがありますが、生活を大きく左右する住宅などについては、税負担を軽くするための特例が用意されています。たとえば「夫婦間の家の贈与」。婚姻期間が20年以上続いた夫婦のあいだで、居住用の不動産や住宅取得資金の生前贈与をする場合は２０００万円まで贈与税がかかりません。暦年課税制度とも併用できます。

また、親の世代が子ども世代よりも豊かな時代なので、子どもや孫世代の生活を支えるさまざまな特例もあります。そのひとつが「自宅の購入資金の贈与」。祖父母や両親から18歳以上の子どもや孫に自宅購入資金を贈与する場合は、一般の住宅は５００万円、耐震・省エネ住宅は１０００万円まで非課税に（２０２２年1月1日～２０２３年12月31日）。こちらは、暦年課税制度に加えて、相続時精算課税制度との併用も可能です。

「結婚・子育て資金の一括贈与」もあります。非課税枠は、18歳以上50歳未満の子や孫ごとにひとり１０００万円。結婚式、新居の準備、出産費用、入園準備など。これらの非課税処置は期間限定のものもあるので、早めに検討しましょう。

贈与税の控除は どのようなものがあるのか？

夫婦間で住宅を生前に贈与したとき
（夫婦のあいだで居住用の不動産を贈与したときの配偶者控除）

・結婚から 20 年以上経っている夫婦間で、居住用の不動産（国内のみ）を贈与したときは、2,000 万円まで非課税
・贈与を受けた翌年 3 月 15 日までに、実際に住んでおり、その後も住み続ける見込みであること
・暦年課税制度と併用できる（相続時精算課税制度との併用は不可）

子や孫への、自宅購入・増改築資金を贈与したとき
（直系尊属から住宅取得等資金の贈与を受けた場合の非課税）

・祖父母や両親から、18 歳以上の子や孫へ自宅購入・増改築資金を贈与するときに適用
・一般の住宅は 500 万円、省エネ等級４・耐震等級２以上の住宅は 1000 万円が非課税（2022 年 1 月 1 日〜 2023 年 12 月 31 日）
・中古住宅を購入するときは、建ててから20年以内ならOK（耐火建築物は 25 年以内）
・暦年課税制度や相続時精算課税制度と併用できる

※ 2023 年 12 月 31 日までの期間限定の制度（締結日により金額が異なるので注意）

子や孫に、結婚・子育て資金を贈与したとき
（結婚・子育て資金の一括贈与の非課税措置）

・祖父母や両親が、18 歳以上 50 歳未満の子・孫に、結婚・子育て資金を贈与したとき（金融機関にお金を預けたとき）、子・孫１人あたり 1,000 万円まで非課税（結婚関連の場合は 300 万円まで）
・結婚式の会場費、結婚を機に借りた家の家賃、引越し代、不妊治療や出産費用、未就学児の医療費、保育園などの入園・保育料などが含まれる
・贈与された額を使いきらないうちに贈与した人が亡くなると、残りの残高は相続財産と見なされ、孫の場合２割加算
・暦年課税制度や相続時精算課税制度と併用できる
・銀行などの金融機関経由で申告書を提出する

※ 2025 年 3 月 31 日までの限定措置

生命保険

「500万円×法定相続人」の金額が非課税に生命保険はさまざまなメリットがある

該当者　特定の人に手厚くお金を渡したい人など

期限　生前

生命保険には、通常財産と違うさまざまなメリットがあります。

まず、死亡保険金のうち、「500万円×法定相続人」が、相続税の非課税になることです。これは、「生命保険は、残された家族の生活を保障するためのもの」という観点からの措置。たとえば、1億円の保険金を受取人として指定された相続人が受け取り、その数が4人なら2000万円が非課税になります。「500万円×法定相続人」での法定相続人の数には、相続放棄した人の数も含まれますが、非課税枠は適用されません。

2つ目は、お金を渡したい人に確実に渡せること。死亡保険金は指定された受取人の固有の財産であるからです。相続財産として見なされるので相続税は発生しますが、内縁の妻や介護をしてくれた嫁など、特定の人に手厚くお金を渡せます。3つ目は、亡くなったあとの費用の支払いに使えること。仮に銀行口座が凍結されれば、支払いに窮してしまいますが、保険金は請求後おおむね5営業日以内に振り込まれます。

生命保険の3つのメリット

メリット1
死亡保険金のうち、
「500万円×法定相続人」
が、相続税の
非課税になる

メリット2
内縁の妻など、
お金を渡したい人に
確実に渡せる

メリット3
請求から
すぐお金がおりるので、
亡くなったあとの
出費の支払いに
使える

契約者（保険料負担者）や受取人の違いで、死亡保険金にかかる税金は異なる

契約者	被保険者	保険金受取人	税金の種類
夫 （被相続人）	夫 （被相続人）	妻や子など （法定相続人）	相続税 (500 万円 × 相続人の人数＝ 非課税枠)
夫 （被相続人）	夫 （被相続人）	第三者 （法定相続人 ではない）	相続税（非課税枠なし）
妻 （被相続人）	夫	妻	所得税（一時所得）
妻	夫 （被相続人）	子	贈与税

※死亡保険金の受取人を内縁の妻などの第三者にすると、非課税枠は使用できないものの、まとまった額の遺産を確実に渡すことができます

信託銀行

遺産相続にまつわる面倒な作業を代行する「信託銀行」を活用する方法

該当者 家族の遺産相続の負担を軽くしたい人

期限 生前

相続手続の負担を軽減するためには、「信託銀行」を利用するのも1つの手です。信託銀行には、遺産相続に関するさまざまなメニューがあります。ポピュラーなのは「相続型信託」。お金を預けると、本人が亡くなったあと、指定した方法で指定した人にお金を渡してくれます。信託銀行がビジネスライクに渡してくれるので、争いが起こる余地はありません。「毎月3万円ずつ」などの渡し方もできます。

また、ほかの銀行と異なり、死亡診断書、通帳、印鑑などがあれば、すぐにお金を引き出せるので、銀行口座が凍結されたときの備えにもなります。

そのほか、遺言の作成から遺言の執行まで総合的に手がける「遺言信託」、遺産の名義書換等の手続や遺産の整理業務といった特化したサービスもあります。ただし、遺産の内容やサービスによって費用は異なるので、利用する際は商品の仕組みや手数料について、正しく理解する必要があります。「相続人が全国にいる」「家族関係が複雑」「分けにくい財産がある」などの場合は、信託銀行のサービスが重宝します。

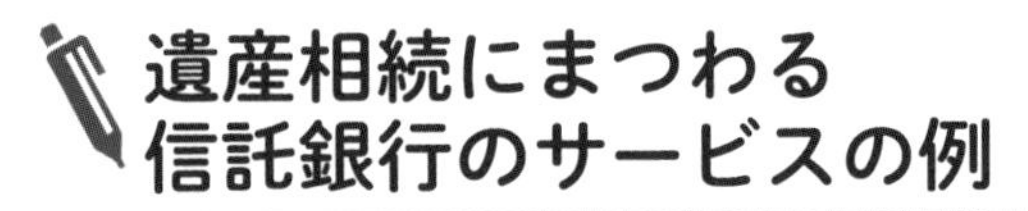

遺産相続にまつわる信託銀行のサービスの例

※三菱ＵＦＪ信託銀行の例

遺言信託「遺心伝心」

・遺言に関する事前の相談から、公正証書遺言の保管、遺言の執行までを、遺言執行者（214ページ）として引き受ける
・手数料は、財産額によって異なるが、遺言執行の最低報酬額が77万円。その他、遺言書の年間保管料（年5,500円）などがかかる

遺産整理業務「わかち愛」

・相続に伴うさまざまな問題について、手続を行う。財産目録や遺産分割協議書の作成、相続税納付のアドバイス、不動産などの名義変更手続など
・手数料は代行した財産額によって異なる。最低で110万円から

遺産整理事務代行業務「お手伝いさん」

・不動産や金融資産など、遺産の名義書換等の手続を相続人に代わって行う
・手数料は代行した財産額によって異なる。最低で55万円から

相続型信託「ずっと安心信託」

・万一のときに遺言がなくとも家族が一時金を受け取れるだけでなく、自分や家族が定期的にお金を受け取ることもできる

暦年贈与信託「おくるしあわせ」

・銀行口座に資金を入れておけば、毎年110万円までの生前贈与を代行してくれる
・管理手数料は無料
・教育資金贈与や結婚・子育て資金贈与に関しても、同様に手数料無料で贈与をするサービスがある

葬儀

人生最期のライフイベント「葬儀」も自分で選べる時代

該当者　葬儀にこだわる人

期限　生前

自分で自分の葬儀をプロデュースする人が増えています。「ライフイベントの最後は自分の理想どおりにしたい」「残された家族に迷惑をかけたくない」などがその理由です。葬儀の費用は結婚式並み。業者によっても価格差があります。亡くなってから葬儀までの期間は長くて1週間。複数の見積もりを取って価格を比較している暇はありません。どんな葬儀をすればいいのかも悩むでしょう。結果、「故人に恥をかかせたくない」と業者が提案したプランの最高級コースを選ぶわけです。しかし、自分で手配すれば、家族を悩ませずにすみますし、自分の個性に合った葬儀ができます。

代表的な葬儀スタイルには、家族だけでひっそりと行う「家族葬」、趣味を生かした「音楽葬」、生きているうちに開催する「生前葬」などが挙げられます。埋葬方法も、一人で入る個人墓、海や山などに散骨する「自然葬」、共同墓地など多様なスタイルが登場しています。葬儀会社や自治体などが開催する終活セミナーに参加すれば、葬儀の種類や費用の相場、良心的な葬儀会社の見分け方などを教えてくれるでしょう。

最近はこんな葬儀のスタイルがある

海洋葬〜波に乗って世界中を回遊できる〜

細かく砕いた遺骨を網状の袋に入れて船から海にまくのが最もポピュラーな方法。ヘリコプターから海に遺骨をまく方法もある。費用は、チャーター便で10〜20万円程度

宇宙葬〜いつでも宇宙から家族を見守る〜

遺灰の一部をロケットで打ち上げたり、人工衛星や、宇宙探査機に搭載したりして、宇宙の果てを目指すなどの方法がある。費用は20〜250万円程度

山への散骨〜雄大な山の一部となる〜

散骨場所は、景色がいい場所、森林、草原、シンボリックな木の下などさまざま。費用は5〜20万円前後が多い

樹木葬〜美しい樹木と一体になれる〜

埋葬場所は墓地や霊園の敷地内。散骨をする度に新たに苗木を植える方法、桜など、大きく立派な木の下に散骨する方法などがある。費用は30〜70万円程度

※違法ではありませんが、念のため地元の自治体への確認をとるようにしてください

相談

不動産の名義変更、相続人のあいだの紛争…解決したい内容によって依頼する専門家は違う

該当者 全員

期限 生前

遺産相続をめぐって、複雑な手続や争いなど、さまざまな難問が持ち上がることは珍しくありません。そうしたときは、司法書士や税理士、社会保険労務士などの専門家の助けを借りるのも1つの手です。専門家にはそれぞれ役割分担があります。

不動産の名義変更は、司法書士しかできませんし、準確定申告や相続税の申告を代行できるのは税理士だけ。相続人同士で争いが起こっている場合は弁護士の担当です。

もちろん、士業の人たちは、たとえばA法律事務所とB税理士事務所、C司法書士事務所とD税理士事務所といった具合に提携することで、業務を補完しあっているので、まずは窓口となる士業事務所に相談してみましょう。

「相続コンサルタント」「相続相談所」などと銘打って、多様な専門家をそろえている事務所もあります。問題が多岐にわたるケースやすべてお任せしたいケースは、こうした事務所も選択肢の1つ。委託料は、事務所によってもまちまちですが、信託銀行の料金を1つの基準にすれば、高いか安いかを判断しやすくなります。

死後の手続で困ったときは、誰に頼めばよいのか？

相続問題は、故人によって、ポイントが違ってきます。
自分の相続にはどういう問題があるのか、はっきりさせたうえで、そのケースに合致した専門家に頼みましょう。

- 相続にまつわる不動産などの登記を代行してほしい
- 会社の代表者が死亡したので、商業登記を代行してほしい
- 遺産分割調停申立書を作成してほしい
- 公正証書遺言の証人や遺言執行者を頼みたい

→ **司法書士**

- 複雑な相続税の申告書を作成してほしい
- 相続税を計算してほしい
- 相続税対策についてアドバイスしてほしい
- 税務調査の連絡がきたが不安なので立ち会ってほしい
- 収益物件を相続したが今後の有効活用についてアドバイスしてほしい

→ **税理士**

- 年金関係の手続を代行してほしい
- 国民健康保険の脱退、埋葬費の申請手続を代行してほしい

→ **社会保険労務士**

- 自動車の相続手続を代行してほしい
- 相続人関係説明図等の書類作成

→ **行政書士**

- 遺産分割協議がうまくいかず、裁判をしないと収拾がつかない
- 公正証書遺言の証人や遺言執行者を頼みたい

→ **弁護士**

column
8

孫名義の口座をつくって預金したら孫はそのまま相続できる?

かわいい孫にもたくさん財産を遺してやりたいと考えるおじいちゃん、おばあちゃんは多いでしょう。

だからといって、孫に内緒で口座をつくり、印鑑や通帳をご自身で管理しても、その預金をそっくりそのまま孫に渡すことはできません。その預金は名義が孫であるだけで、実際はおじいちゃん、おばあちゃんの預金になります。

このような預金は「名義預金」と呼ばれ、相続税の対象になります。さらに、名義預金は、「孫に相続させる」という遺言がなければ、孫は相続できません。

相続人である親などが取得したのち、少しずつ贈与するなどして、孫に渡すことになるのです。

名義預金にしないためには、書面で「孫に贈与をした」という証拠を残し、銀行振込で贈与すること。また、預金の管理は受取人となる孫が行うことが大切です。

孫が幼く、預金の管理ができない場合には、孫の親が親権者として管理できます。

Q 自筆証書遺言について新しい制度ができたと聞きました。もっと詳しく教えてください。

A 新たに法務局での管理もでき、検認も不要になります。

110ページで、財産目録については、パソコンでの作成が可能になったほか、通帳の写しや不動産の登記事項証明書の写しも添付できるようになったとお伝えしました。これまで、財産の記載を含めて〝すべて〟自筆で書かなければならなかったことを考えると、遺言を自分で書くにあたってかなり負担が軽減されました。

同様に、通帳の写しなどを添付することにより、これまでよく見られた表記の間違いがなくなることが期待されます。せっかく遺言があっても形式に不備があり、「いざというときに使えない」という事態を避けることができるのです。

また、今まで自筆証書遺言は、偽造や紛失の恐れがありました。これが2020年7月から、自筆証書遺言を法務局で保管するという新たな制度が創設されました。

この新設された制度では、相続による不動産の名義変更や「法定相続情報証明制度」などを扱う法務局が遺言書の形式を審査した上で保管の申請1件につき3900円で保管してくれます。この制度を利用すれば、家庭裁判所による検認も不要となります。様式不備、偽造・破棄のリスクといった自筆証書遺言のデメリットを、この保管制度で補うことができるのです。

「自筆証書遺言保管制度」を活用すれば、生前に指定しておくことで「死亡時の通知」がされます。遺言書の存在を知らぬまま相続手続きが進められてしまうことを避けられます。

Q 遺族基礎年金・遺族厚生年金の受給後に、年収が受給資格の850万円を超えました。減額や支給停止はありますか？

A 年収850万円になっても、減額や支給停止はありません

遺族基礎年金、遺族厚生年金は、亡くなった時点で、受給権者（遺族）に、年収が850万円以上あった場合は、原則として受給資格がありません。ただし受給してから年収850万円以上となっても、受給資格は維持されます。

ちなみに、84ページでも説明しましたが、年収850万円以上でも、例外的に遺族基礎年金、遺族厚生年金が支給されるケースがあります。それは、死亡したあと、定年退職したり廃業したりして、おおむね5年以内に年収が850万円未満になると認められる場合です。

Q 離婚はしていないが、故人と別居中だった配偶者や子は、遺族基礎年金・遺族厚生年金を受けられるのでしょうか？

A 受けられます。
離婚をしている場合も受給可能なケースがあります。

18歳に達してから最初の3月31日までの子がある配偶者の場合、別居であっても、養育費などの経済的援助を受けている、定期的に会っているなどの生計同一要件を満たしていれば、遺族基礎年金・遺族厚生年金を受けられます。

また、18歳に達してから最初の3月31日までの子がいないケースでは、遺族厚生年金のみ、受けることができます。

一方、離婚した配偶者が亡くなり、18歳に達してから最初の3月31日までの子がいて、別居していた場合も、生計同一要件を証明することができれば同様です。

いずれの場合も、病気やDVが原因により別居しているなど、やむを得ず緊急避難的に別居しているというケースの場合、上記の要件を満たしていなくとも、例外的に生計同一関係が認められることがあります。

Q 失業保険の受給中に亡くなると、未支給分の失業給付を受け取ることができると聞きましたが？

A 故人と生計を同じくしていた遺族なら可能です。

該当者は、配偶者や子、父母、兄弟姉妹などです。亡くなった前日までのぶんの、給付（未支給失業等給付）を受けることが可能です。

一般に故人と同居していた場合は同一生計とみなされますが、別居していた場合は、故人から生活費の送金を受けていたことを立証する必要があります。

手続は、亡くなった日の翌日から6カ月以内に請求しないと受け取ることができないので、該当する場合は、故人が住んでいた場所を管轄するハローワークに確認、必要書類を揃えて申請してください。

ちなみに、高年齢雇用継続給付や教育訓練給付、育児休業給付を得ていた人が亡くなった場合も同様です。

亡くなる前日のぶんまでの給付を受けることができます。

Q **相続人のなかに行方不明の人がいるのですが、どうしたらよいですか？**

A **SNSを調べてみましょう。ダメなら「不在者財産管理人」の選任を。**

親戚や関係者をいろいろと当たっても見つからなければ、フェイスブックやラインなどSNSの利用がないか検索してみましょう。仮に、本人のサイトが見つかれば、そこでコンタクトが取れます（同姓同名の場合もありますので注意しましょう）。

あるいは、誰かが携帯番号を知っていればショートメールを送ることもできます。

また、正当な理由によって住民票を取得できる場合には、該当の住所に手紙を送ってみることも考えられます。考え得るさまざまな方法を駆使しても、本人が見つからない場合は、「失踪宣告（しっそうせんこく）」を家庭裁判所に申し立てるか、不在者の財産を管理する「不在者財産管理人」を家庭裁判所に選任してもらうことを検討しましょう。選任された不在者財産管理人が、行方不明の人に代わって遺産分割協議などを行っていきます。

※遺産分割をうたった詐欺メールもありますので注意してください

Q 親の遺産分割協議をしようと思っているのですが、遺産分配に不満がある兄弟姉妹を外して協議してもいいですか？

A 残念ながら、外せません。遺産分割協議が無効になります。

どんなに不満がある相続人がいても、遺産分割協議から外すことはできません。遺言がない場合は、必ず相続人全員で遺産分割の話し合いをしなくてはいけないと相続法で決まっているからです。仮に、その親族を外して協議書を作成したとしても、その協議書は無効です。遺産分割協議書がないと、不動産の名義変更や銀行での解約手続などができなくなります。もし、親族だけでまとめるのが難しい場合は、専門家に依頼したり、家庭裁判所に判断を仰ぐことも検討しましょう。

実際、相続が起きてから相続人のあいだで遺産の分配をめぐってこじれるケースは少なくありません。そうならないように、普段からお互いにコミュニケーションを取ったり、事前に遺産の内容を共有したりしましょう。また、遺された家族の負担を減らすためにも遺言書を作成することをお勧めします。

Q 遺産分割協議のときに、相続は放棄することを伝え、家族も納得してくれたのに、私に負債の請求がきます。どうしてでしょうか？

A 口頭で伝えるだけでは放棄になりません。法的手続が必要です。

典型的な「相続放棄」に対する誤解です。「相続放棄」は法的な手続を意味しています。ですから、法的な手続もせずに、ほかの相続人たちに「相続を放棄する」と伝えただけでは、法的に放棄したことにはなりません。

相続放棄をしたい場合には、家庭裁判所に「相続放棄の申述書」という書類を提出する必要があります。この相続放棄の申し出は、相続開始を知ってから3カ月以内に行うという期間制限があるので注意が必要です。ぐずぐずしていて、期間制限までに相続放棄をしないと、借金など負の遺産をたっぷり背負い込む可能性もあります。

ただし、これまで負債の存在をまったく知らなかった場合は、負債の存在を知ったときから3カ月まで放棄の権利が認められることがあります。突然、債権者から請求書が届いた場合は、すぐに弁護士や司法書士などの専門家に相談しましょう。

Q 亡くなった夫に内緒で貯めたへそくりがあります。長年貯めていたので500万円ほどありますが、相続税はかかりませんよね？

A かかります！隠していると、高額な税金が追加されるのでご注意を。

基本的に、故人の収入が元になっている財産は、すべて相続税の対象になります。それを踏まえると、へそくりは、亡くなった夫の収入を貯め込んでいたはずなので、夫の財産とみなされ相続税がかかります。そのほか、「子ども名義の貯金」なども、故人の財産とみなされるので、申告が必要です。

申告漏れがあると、相続税本税以外にも高額な附帯税を支払う必要があります。具体的には、不足分の5〜15％の「過少申告加算税」や、故意に隠した場合は35〜40％の「重加算税」が加算されます。500万円のへそくりだと、相続税率が10％としても最低52・5万円の税金を支払わなくてはなりません。

相続税の場合、3人に1人は税務署から税務調査が来るので、申告漏れが見つかることが少なくありません。きちんと申告しましょう。

Q 養子縁組をすれば相続税が少なくなると聞いたのですが、本当ですか？

A 本当ですが、養子の人数には制限があります。

相続税がかからない限度額、いわゆる基礎控除額は「3000万円+600万円×法定相続人」という式で計算されます。

民法では、養子縁組した子のすべてが法定相続人となるので、養子縁組をすればするほど法定相続人が増えることになります。それにともなって基礎控除額が大きくなり相続税を少なくできるというわけです。

しかし、皆がこんな技を使って、相続税を免れてはたまりません。そのため、相続税法では、法定相続人に含める養子の人数に限度を設けています。

法定相続人に含めることができる養子の人数は、亡くなった人に実の子どもがいる場合には1人まで、実の子どもがいない場合には2人までです。ただし、養子縁組は家族間のトラブルの火種となることもあるので、よく話し合う必要があります。

Q 相続放棄したのですが、死亡保険金を受け取りました。相続税の申告をしなければいけませんか？

A ほかの相続財産との合計が、基礎控除額を超えた場合は、申告が必要です。

故人に多額の借金があり、相続放棄をしたら死亡保険金を受け取ることができないのでは、と思う方は多いのではないでしょうか。民法では死亡保険金は故人の相続財産でなく受取人の固有の財産と考えられているため、相続放棄しても受け取ることができます。ただし、死亡保険金の額は相続財産とみなして相続税を計算することになっています（＝「みなし相続財産」）。相続放棄をしても、それは変わりません。もし、死亡保険金を含めたすべての相続財産が基礎控除額（3000万円＋600万円×法定相続人）を超えたら、相続税の申告が必要です。

ちなみに、普通に相続するケースは、死亡保険金には「500万円×法定相続人」で計算した非課税枠がありますが、相続放棄して死亡保険金を受け取った方には、この非課税枠は使えないので注意しましょう。

Q 亡くなった父は隣の住人に土地を貸していました。人に貸すと、評価額が少なくなり、相続税が減ると聞いたのですが、本当ですか？

A 本当です。ただし、タダで貸していれば、評価額は下がりません。

相続税を申告するときには、対象となる相続財産の評価額を計算することが必要です。人に土地を貸せば、借りた人に、法律で手厚く保護されている借地権や地上権などが発生します。もはや地主であっても自由にはできません。そのぶん、評価額が下がるのです。

具体的には、貸している土地の評価額は、更地の評価額から借地権の評価額を控除して、算出します。借地権の評価額は、更地の価額に借地権割合（借地権が更地に占める割合）を乗じて求めます。借地権割合は国税庁のホームページで調べられます。

仮に、借地権割合が70％の地域で1億円の評価額の土地をもっていたら、人に貸すと評価額が３０００万円に下がり、相続税も少なくなります。ただし、無償で貸している場合には、借地権が発生していないと考えられるため、評価額は下がりません。

Q 亡くなった父が契約していた保険契約で、まだ保険事故が生じていない契約があるのですが、相続税の申告は必要ですか？

A 保険の種類によっては必要。掛け捨ての保険なら必要ありません。

たとえば、父が契約者で母が被保険者、息子が受取人といった生命保険契約を考えてみましょう。父が母より先に亡くなった場合、保険事故（保険金支払いが生じる出来事）は生じていないので、当然保険金も支払われません。しかし、父が契約した、この生命保険契約を息子が引き継げば相続税の対象となります。

生命保険契約を解約すれば、解約返戻金を受け取ることができます。息子が生命保険を解約せずに引き継いだとすれば、解約返戻金と同じ価値の財産を相続したと考えます。ですから、生命保険の評価額は相続開始時の解約返戻金と同額として計算されます。このような保険事故が生じていない保険契約を「生命保険契約に関する権利」といいます。ただし、いわゆる「掛け捨て」の保険契約については、解約返戻金はゼロですので相続財産に計上する必要はありません。

Q 亡くなった父は毎年所得税の確定申告をしていました。遺産分割が整うまでは、誰が確定申告をしたらよいでしょうか？

A すべての相続人が申告します。収益を相続分に応じて分け合います。

どんなに仲のいい家族であっても、遺産分割にはそれなりの日数がかかります。故人がアパートなど収益物件をもっていた場合、相続人が決まるまでは、持ち主がいないまま家賃収入などが生じます。持ち主がいなければ税金の取りようがありません。

そこで、所得税の考え方では、相続が起こって遺産分割が完了するまでは、すべての相続財産は全相続人の共有財産だとされます。

したがって、アパートなどの収益は、各相続人の相続分に応じた所得として申告することになります。

遺産分割が完了したあとは、その収益物件を相続した人の所得として申告します。故人がアパートなどの収益物件をもっていた場合は、なるべく早めに誰が引き継ぐか決めて、開業届や青色申告の承認申請などの期限に間に合わせるようにしましょう。

資料集

亡くなったあとの手続では、さまざまな書類をつくる必要があります。なかでも、多くの人が作成する必要に迫られ、かつ自力でつくるのが難しい書類が、「遺産分割協議書」と「相続税の申告書」です。専門家に任せるのも手ですが、「出費を抑えたい」という方もいらっしゃるでしょう。そうした人のために、「遺産分割協議書」と「相続税の申告書（一部）」の書き方の見本もご用意しました。
相続税の申告書に関しては、すべての書類の書き方見本が国税庁のホームページにありますので、そちらもあわせてご覧ください。
なお、「法定相続一覧図」の見本および申出書については74～75ページに掲載しましたので、参考までにご覧ください。

第1表　相続税の申告書

第9～第15表までを書き終わったら、第1表の申告書を記入します。

手順1

名前や生年月日、住所などを記入します。年齢は相続開始の日における年齢を、職業は相続開始の日におけるものを記入してください

手順2

課税価格を計算します。左の列ではすべての相続人の分を合計した課税価格を、右の列では各相続人の課税価格を計算します。すでに記入した第11表などから数字を転記します

手順3

各相続人の税額を算出します

手順4

さまざまな税額控除などを元に、各相続人が納付する相続税額を計算します。税額控除の数値はすでに記入した書類から転記します

税の申告書　FD3561

日 令和2年 5月10日　※申告期限延長日　年　月　日

	の合計	財産を取得した人
フリガナ	（被相続人）コクゼイ　タロウ	コクゼイ　ハナコ
氏名	国税太郎	国税花子 ㊞
個人番号又は法人番号		↓個人番号の記載に当たっては、左端を空欄としここから記入してください。
日	昭和21年 10月 19日（年齢 75歳）	昭和28年 9月 21日（年齢 68歳）
	埼玉県春日部市○○○3丁目5番16号	〒344-XXXX 埼玉県春日部市○○○3丁目5番16号 （ XXX － XXX －XXXX ）
	○○商事（株）代表取締役	妻　なし
	当する取得原因を○で囲みます。	相続・遺贈・相続時精算課税に係る贈与
①	498392151 円	256646350 円
②	24626035	
③	27415940	3359600
④ 純資産価額（①＋②－③）（赤字のときは0）	495602246	253286750
⑤ 純資産価額に加算される暦年課税分の贈与財産価額（第14表1④）	3000000	1000000
⑥ 課税価格（④＋⑤）（1,000円未満切捨て）	498600000 Ⓐ	254286000
法定相続人の数　遺産に係る基礎控除額	3人　48000000 円Ⓑ	左の欄には、第2表の②欄の⑪の人数及び㋥の金額を記入します。
⑦ 相続税の総額	130505000	左の欄には、第2表の⑧欄の金額を記入します。
⑧ 一般の場合（⑩の場合を除く）あん分割合（各人の⑥/Ⓐ）	1.00	0.51
⑨ 算出税額（⑦×各人の⑧）	130505000 円	66557550 円
⑩		
⑪	円	円
⑫	90000	
⑬ 配偶者の税額軽減額	65252500	65252500
⑭ 未成年者控除額（第6表1②、③又は⑥）		
⑮ 障害者控除額（第6表2②、③又は⑥）		
⑯ 相次相続控除額（第7表⑬又は⑱）	425000	217204
⑰ 外国税額控除額（第8表1⑧）		
⑱ 計	65767500	65469704
⑲ 差引税額（⑨＋⑪－⑱）又は（⑩＋⑪－⑱）（赤字のときは0）	64737500	1087846
⑳ 相続時精算課税分の贈与税額控除額（第11の2表1⑧）	00	00
㉑ 医療法人持分税額控除額（第8の4表2B）		
㉒ 小計（⑲－⑳－㉑）（黒字のときは100円未満切捨て）	64737400	1087800
㉓ 納税猶予税額（第8の8表⑧）	00	00
㉔ 申告納税額　申告期限までに納付すべき税額	64737400	1087800
㉕	△	△

黒ボールペンで記入してください。

※の項目は記入する必要がありません。

第1表（平成31年1月分以降用）

（注）㉒欄の金額が赤字となる場合は、㉒欄の左端に△を付してください。なお、この場合で、㉒欄の金額のうちに贈与税の外国税額控除額（第11の2表1⑨）があるときの㉕欄の金額については、「相続税の申告のしかた」を参照してください。

補完番号　関与区分　書面添付　検算印　管理補完　確認

㊞　□ 税理士法第30条の書面提出有　□ 税理士法第33条の2の書面提出有

※税務署整理欄　申告年月日　通信日付印　確認印

（資4－20－1－1－A4統一）第1表（令2.7）

第2表　相続税の総額の計算書

第2表で相続税の総額を計算します。課税価格の合計額から基礎控除額などを差し引き、相続人ごとの税額を計算します。

相続税の総額の計算書

被相続人　国税太郎

第2表（平成27年分以降用）

○この表を修正申告書の第2表として使用するときは、④欄には修正申告書第1表の㋑欄の⑥Ⓐの金額を、㋭欄には修正申告書第3表の1の㋺欄の⑥Ⓐの金額を記入します。

この表は、第1表及び第3表の「相続税の総額」の計算のために使用します。
なお、被相続人から相続、遺贈や相続時精算課税に係る贈与によって財産を取得した人のうちに農業相続人がいない場合は、この表の㋭欄及び㋬欄並びに⑨欄から⑪欄までは記入する必要がありません。

① 課税価格の合計額		② 遺産に係る基礎控除額	③ 課税遺産総額	
㋑（第1表⑥Ⓐ）	498,600,000円	3,000万円＋(600万円×㋺〔Ⓐの法定相続人の数〕3人)＝㋩ 4,800万円	㋥（㋑−㋩）	450,600,000円
㋭（第3表⑥Ⓐ）	,000	㋺の人数及び㋩の金額を第1表Ⓑへ転記します。	㋬（㋭−㋩）	,000

④ 法定相続人（(注) 1参照） 氏名	被相続人との続柄	⑤ 左の法定相続人に応じた法定相続分	第1表の「相続税の総額⑦」の計算 ⑥ 法定相続分に応ずる取得金額（㋥×⑤）（1,000円未満切捨て）	⑦ 相続税の総額の基となる税額（下の「速算表」で計算します。）	第3表の「相続税の総額⑦」の計算 ⑨ 法定相続分に応ずる取得金額（㋬×⑤）（1,000円未満切捨て）	⑩ 相続税の総額の基となる税額（下の「速算表」で計算します。）
国税花子	妻	1/2	225,300,000円	74,385,000円	,000円	
国税一郎	長男	1/2×1/2＝1/4	112,650,000	28,060,000	,000	
税務幸子	長女	1/2×1/2＝1/4	112,650,000	28,060,000	,000	
			,000		,000	
			,000		,000	
			,000			
			,000			
			,000			
			,000			
法定相続人の数	Ⓐ 3人	合計 1	⑧ 相続税の総額（⑦の合計額）（100円未満切捨て）	130,505,000	⑪	

(注) 1　④欄の記入に当たっては、被相続人に養子がある場合や相続の放棄があった場合に…をご覧ください。
2　⑧欄の金額を第1表⑦欄へ転記します。財産を取得した人のうちに農業相続人がいる場合は、⑧欄の金額を第1表⑦欄へ転記するとともに、⑪欄の金額を第3表⑦欄へ転記します。

手順1
課税価格の合計額を第1表から転記し、課税遺産総額を記入します

手順2
各相続人の法定相続分を記入します。合計が1になるか確認してください

手順3
左の欄には、法定相続分に応ずる取得金額を記入します。右の欄には、左の欄の金額をもとに、下の「相続税の速算表」を使って、相続税の総額の基となる税額を割り出します

相続税の速算表

法定相続分に応ずる取得金額	10,000千円以下	30,000千円以下	50,000千円以下	100,000千円以下	200,000千円以下	300,000千円以下	600,000千円以下	600,000千円超
税率	10%	15%	20%	30%	40%	45%	50%	55%
控除額	−	500千円	2,000千円	7,000千円	17,000千円	27,000千円	42,000千円	72,000千円

この速算表の使用方法は、次のとおりです。
⑥欄の金額×税率−控除額＝⑦欄の税額　　⑨欄の金額×税率−控除額＝⑩欄の税額
例えば、⑥欄の金額30,000千円に対する税額（⑦欄）は、30,000千円×15%−500千円＝4,000千円です。

○連帯納付義務について
相続税の納税については、各相続人等が相続、遺贈や相続時精算課税に係る贈与により受けた利益の価額を限度として、お互いに連帯して納付しなければならない義務があります。

第2表（令2.7）　　（資4−20−3−A4統一）

第5表　配偶者の税額軽減額の計算書

配偶者の税額軽減を受けるためには、必ず提出しなければならない書類です。

配偶者の税額軽減額の計算書

被相続人	国税太郎

第5表（平成21年4月分以降用）

私は、相続税法第19条の２第１項の規定による配偶者の税額軽減の適用を受けます。

手順1

課税価格の合計額のうち、配偶者の法定相続分相当額を記入します

…の表は、①被相続人から相続、遺贈や相続時精算課税に係る贈与によって財産を取得した人のうちに農業…人がいない場合又は②配偶者が農業相続人である場合に記入します。

…うち配…相当額	（第１表のⒶの金額）〔配偶者の法定相続分〕 498,600,000円 × 1/2 ＝ 249,300,000円 上記の金額が16,000万円に満たない場合には、16,000万円	㋑※ 249,300,000 円

配偶者の税額軽減額を計算する場合の課税価格	① 分割財産の価額（第11表の配偶者の①の金額）	分割財産の価額から控除する債務及び葬式費用の金額 ② 債務及び葬式費用の金額（第１表の配偶者の③の金額）	③ 未分割財産の価額（第11表の配偶者の②の金額）	④ （②－③）の金額（③の金額が②の金額より大きいときは０）	⑤ 純資産価額に加算される暦年課税分の贈与財産価額（第１表の配偶者の⑤の金額）	⑥ （①－④＋⑤）の金額（⑤の金額より小さいときは⑤の金額）（1,000円未満切捨て）
	256,646,350 円	3,359,600 円	円	3,359,600 円	1,000,000 円	※ 254,286,000 円

⑦ 相続税の総額（第１表の⑦の金額）	⑧ ㋑の金額と⑥の金額のうちいずれか少ない方の金額	⑨ 課税価格の合計額（第１表のⒶの金額）	⑩ 配偶者の税額軽減の基となる金額（⑦×⑧÷⑨）
130,505,000 円	249,300,000 円	498,600,000 円	65,252,500 円

配偶者の税額軽減の限度額	（第１表の配偶者の⑨又は⑩の金額）（第１表の配偶者の⑫の金額） （66,557,550円 － 0円）	㋺ 66,557,550 円
…減額	（⑩の金額と㋺の金額のうちいずれか少ない方の金額）	㋩ 65,252,500 円

…表の配偶者の「配偶者の税額軽減額…

手順2

配偶者の税額軽減額を計算する場合の課税価格を計算します。すでに記入した第１表や11表などから数字を転記して、計算します

手順3

配偶者が農業相続人である場合には、第１表の⑩欄の金額を記入します

…が農業相続人である場合（この…のうち…課税に係る贈与によって財産を取得した人…農業相続人が配偶者以外の場合に記入します。）

…うち配…相当額	（第３表のⒶの金額）　,000円×…円 上記の金額が16,000万円…	㊁※ 円

配偶者の税額軽減額を計算する場合の課税価格	⑪ 分割財産の価額（第11表の配偶者の①の金額）	分割財産の価額から控除する債務及び葬式費用の金額 ⑫ 債務及び葬式費用の金額（第１表の配偶者の③の金額）	⑬ 未分割財産の価額（第11表の配偶者の②の金額）	⑭ （⑫－⑬）の金額（⑬の金額が⑫の金額より大きいときは０）	⑮ 純資産価額に加算される暦年課税分の贈与財産価額（第１表の配偶者の⑤の金額）	⑯ （⑪－⑭＋⑮）の金額（⑮の金額より小さいときは⑮の金額）（1,000円未満切捨て）
	円	円	円	円	円	※ ,000 円

⑰ 相続税の総額（第３表の⑦の金額）	⑱ ㊁の金額と⑯の金額のうちいずれか少ない方の金額	⑲ 課税価格の合計額（第３表のⒶの金額）	⑳ 配偶者の税額軽減の基となる金額（⑰×⑱÷⑲）
00 円	円	,000 円	円

配偶者の税額軽減の限度額	（第１表の配偶者の⑩の金額）（第１表の配偶者の⑫の金額） （　円 －　円）	㋭ 円
配偶者の税額軽減額	（⑳の金額と㋭の金額のうちいずれか少ない方の金額）	㋬ 円

（注）㋬の金額を第１表の配偶者の「配偶者の税額軽減額⑬」欄に転記します。

※　相続税法第19条の２第５項（隠蔽又は仮装があった場合の配偶者の相続税額の軽減の不適用）の規定の適用があるときには、「課税価格の合計額のうち配偶者の法定相続分相当額」の（第１表のⒶの金額）、⑥、⑦、⑨、「課税価格の合計額のうち配偶者の法定相続分相当額」の（第３表のⒶの金額）、⑯、⑰及び⑲の各欄は、第５表の付表で計算した金額を転記します。

第５表（令2.7）　　（資４－20－６－１－Ａ４統一）

第9表　生命保険金などの明細書

生命保険金についての書類。生命保険金のうち、
500万円×法定相続人の数は非課税となります。

生命保険金などの明細書

被相続人	国税太郎

第9表（平成21年4月分以降用）

1　相続や遺贈によって取得したものとみなされる保険金など

この表は、相続人やその他の人が被相続人から相続や遺贈によって取得したものとみなされる生命保険金、損害保険契約の死亡保険金及び特定の生命共済金などを受け取った場合に、その受取金額などを記入します。

保険会社等の所在地	保険会社等の名称	受取年月日	受取金額	受取人の氏名
千代田区○○2丁目×番	○○生命保険（相）	4・7・6	円 29,629,483	国税一郎
〃	〃	4・7・6	5,000,000	〃
千代田区○○1丁目×番	××生命保険（相）	4・7・13	10,000,000	〃
中央区○○2丁目×番	△▼生命保険（相）	4・8・7	20,000,000	税務幸子
中央区○○1丁目×番	（株）○○生命保険	4・9・4	10,768,125	〃

（注）1　相続人（相続の放棄をした人を除きます。以下同じです。）が受け取った保険金などのうち一定の金額は非課税となりますので、その人は、次の2の該当欄に非課税となる金額と課税され…
2　相続人以外の人が受け取った保険金などについては、非課税となる…た金額そのままを第11表の「財産の明細」の「価額」の欄に転記しま…
3　相続時精算課税適用財産は含まれません。

手順1
相続人やそのほかの人が、亡くなった人から相続や遺贈などで受け取った生命保険金や損害保険金をすべて記入します

2　…計算

…って相続人が生命保険金などを受け取った…

手順2
法定相続人の数を記入し、保険金の非課税限度額を計算します

…万円×〔第2表のⒶの法定相続人の数〕 3人 により計算した金額を右のⒶに記入します。）　Ⓐ 15,000,000円（,000,000）

保険金などを受け取った相続人の氏名	① 受け取った保険金などの金額	② 非課税金額（Ⓐ×各人の①/Ⓑ）	③ 課税金額（①−②）
国税一郎	円 44,629,483	円 8,878,826	円 35,750,657
税務幸子	30,768,125	6,121,174	24,646,951
合計	Ⓑ 75,397,608	15,000,000	60,397,608

手順3
相続人ごとに、受け取った保険金額から非課税金額を引き、課税金額を計算します。相続の放棄をした人や相続権を失った人は除きます

（注）1　Ⓑの金額がⒶの金額より少ないときは、各相続人の①欄の金額がそのまま②欄の非課税金額となりますので、③欄の課税金額は0となります。
2　③欄の金額を第11表の「財産の明細」の「価額」欄に転記します。

第9表（令2.7）　（資4－20－10－A4統一）

第11表　相続税がかかる財産の明細書

相続税がかかる財産をまとめて記入する書類です。

手順1

遺産分割の状況に応じて該当する数字に◯を付けます。分割の日も記入してください

税がかかる財産の明細書

時精算課税適用財産を除きます。）

被相続人	国税太郎

第11表（令和2年4月分以降用）

相続や遺贈によって取得した財産及び相続や遺贈によって取得したものとみなされる財産のうち、相続税のかかるものに
を記入します。

割状況	区分	①全部分割	2 一部分割	3 全部未分割
	分割の日	4・8・16	・・	

税適用財産の明細については、この表によらず第11の2表に記載します。

財産の明細							分割が確定した財産	
種類	細目	利用区分、銘柄等	所在場所等	数量 固定資産税評価額	単価 倍数	価額	取得した人の氏名	取得財産の価額
土地	宅地	自用地（居住用）	春日部市〇〇〇3丁目5番16号	165.00㎡ 円	円 11・11の2表付表1のとおり	円 12,870,000	国税花子	（持分1/2）円 6,435,000
							国税一郎	（持分1/2） 6,435,000
土地	宅地	貸家建付地	春日部市〇〇2丁目3番4号	150.00㎡	11・11の2表付表1のとおり	30,810,000	国税花子	30,810,000
土地	宅地	貸家建付地	文京区〇〇1丁目3番5号	150.00㎡	236,340	35,451,000	国税花子	35,451,000
土地	宅地	自用地（未利用地）	春日部市〇〇1丁目1番	150.00㎡	280,000	42,000,000	国税花子	（持分3/2） 28,000,000
							税務幸子	（持分1/3 14,000,000
土地	宅地	貸家建付地	春日部市〇〇1丁目1番	1,125.00㎡	237,500 持分6144/192000	8,550,000	税務幸子	8,550,000
	（小計）					（129,681,000）		
土地	山林	普通山林	〇〇県〇〇郡〇〇町〇〇13番2	30,000.00㎡ 241,140	15	3,617,100	国税一郎	3,617,100
	（小計）					（3,617,100）		
（（計））						（133,298,100）		
家屋等	家屋等	自用家屋（鉄コ2・住居）	春日部市〇〇〇3丁目5番16号	120.00㎡ 3,874,960	1.0	3,874,960	国税花子	3,874,960
家屋等	家屋等	貸家（鉄コ2・店舗）	春日部市〇〇〇3丁目5番16号	93.00㎡ 3,389,270	0.7	2,372,489	国税花子	2,372,489
家屋等	家屋等	貸家（鉄コ3・店舗）	文京区〇〇1丁目3番5号	184.50㎡、 8,548,002	0.7	5,983,601	国税花子	5,983,601
家屋等	家屋等	貸家（鉄コ10・住居）	春日部市〇〇1丁目1番（101号）	72.50㎡ 17,207,000	0.7	12,044,900	税務幸子	12,044,900

得した人の氏名	（各人の合計）					
①	円	円	円	円	円	円
②						
③						

の各人の③欄の金額を第１表のその人の「取得財産の価額①」欄に転記します。
細」の「価額」欄は、財産の細目、種類ごとに小計及び計を付し、最後に合計
までの該当欄に転記します。

手順2

土地や家屋、有価証券など、相続税がかかる財産をすべて記入していきます

手順3

分割が確定していたら、分割した金額を記入します

第11・11の2表の付表1

小規模宅地等についての課税価格の計算明細書

小規模宅地等の特例について申請する書類です。
これを提出しないと、特例が受けられません。

小規模宅地等についての課税価格の計算明細書　FD354

被相続人　国税太郎

この表は、小規模宅地等の特例（租税特別措置法第69条の4第1項）の適用を受ける場合に記入します。
なお、被相続人から、相続、遺贈又は相続時精算課税に係る贈与により取得した財産のうちに、「特定計画山林の特例」の対象とな
又は「個人の事業用資産についての相続税の納税猶予及び免除」の対象となり得る宅地等その他一定の財産がある場合には、第11・
付表2を、「特定事業用資産の特例」の対象となり得る財産がある場合には、第11・11の2表の付表2の2を作成します（第11・1
表2又は付表2の2を作成する場合には、この表の「1 特例の適用にあたっての同意」欄の記入を要しません。）。
（注）この表の1又は2の各欄に記入しきれない場合には、第11・11の2表の付表1(続)を使用します。

1　特例の適用にあたっての同意
この欄は、小規模宅地等の特例の対象となり得る宅地等を取得した全ての人が次の内容に同意する場合に、その宅地等を取得した全ての人の氏名
私(私たち)は、「2 小規模宅地等の明細」の①欄の取得者が、小規模宅地等の特例の適用を受けるものとして選択した宅地等又
(「2 小規模宅地等の明細」の⑤欄で選択した宅地等)の全てが限度面積要件を満たすものであることを確認の上、その取得者が小規
特例の適用を受けることに同意します。

氏名	国税花子	国税一郎	税務幸子

（注）小規模宅地等の特例の対象となり得る宅地等を取得した全ての人の同意がなければ、この特例の適用を受けることはできません。

2　小規模宅

取得した人のうち、その特例
宅地等の種類に応じて次の
2 特定事業用宅地等、3 特
事業内容〕

選択した小規模宅地等	① 取得者の氏名〔事業内容〕 ② 所在地番 ③ 取得者の持分に応ずる宅地等の面積 ④ 取得者の持分に応ずる宅地等の価額	⑤ ③の… ⑥ ④の… ⑦ 課税価格の計算に当たって減額される金額（⑥×⑨） ⑧ 課税価格に算入する価額（④－⑦）
1	① 国税花子〔　〕 ② 春日部市〇〇〇3丁目5番16号 ③ 82.5㎡ ④ 32175000円	⑤ 82.5㎡ ⑥ 32175000円 ⑦ 25740000円 ⑧ 6435000円
1	① 国税一郎〔　〕 ② 同上 ③ 82.5㎡ ④ 32175000円	⑤ 82.5㎡ ⑥ 32175000円 ⑦ 25740000円 ⑧ 6435000円
4	① 国税花子〔貸家〕 ② 春日部市〇〇〇3丁目5番17号 ③ 150.㎡ ④ 46215000円	⑤ 100.㎡ ⑥ 30810000円 ⑦ 15405000円 ⑧ 30810000円

(注)1　①欄の「〔　〕」は、選択した小規模宅地等が被相続人等の事業用宅地等(2、3又は4)である場合に、相続開始の直前にその宅地等の上で行われていた被相続人等の事業について、例えば、飲食サービス業、法律事務所、貸家などのように具体的に記入します。
2　小規模宅地等を選択する一の宅地等が共有である場合又は一の宅地等が貸家建付地である場合において、その評価額の計算上「賃貸割合」が1でないときには、第11・11の2表の付表1(別表1)を作成します。
3　小規模宅地等を選択する宅地等が、配偶者居住権に基づく敷地利用権又は配偶者居住権の目的となっている建物の敷地の用に供…ある場合には、第11・11の2表の付表1(別表1の2)を作成します。
4　⑧欄の金額を第11表の「財産の明細」の「価額」欄に転記します。

3　「限度面積要件」の判定
上記「2 小規模宅地等の明細」の⑤欄で選択した宅地等の全てが限度面積要件を満たすものであることを、この表の各欄を記入…判定します。

小規模宅地等の区分	被相続人等の居住用宅地等	被相続人等の事業用宅地等		
小規模宅地等の種類	1 特定居住用宅地等	2 特定事業用宅地等	3 特定同族会社事業用宅地等	4 貸付…
⑨ 減額割合	80/100	80/100	80/100	
⑩ ⑤の小規模宅地等の面積の合計	165㎡	㎡	㎡	
⑪ 限度面積　イ 小規模宅地等のうちに4貸付事業用宅地等がない場合	〔1の⑩の面積〕　≦330㎡	〔2の⑩及び3の⑩の面積の合計〕　㎡ ≦ 400㎡		
⑪ 限度面積　ロ 小規模宅地等のうちに4貸付事業用宅地等がある場合	〔1の⑩の面積〕 165㎡×200/330 ＋	〔2の⑩及び3の⑩の面積の合計〕 ㎡×200/400 ＋	〔4の⑩の面積〕 100㎡	

(注)　限度面積は、小規模宅地等の種類(「4 貸付事業用宅地等」の選択の有無)に応じて、⑪欄(イ又はロ)により判定を行います。「限度面積要件」を満たす場合に限り、この特例の適用を受けることができます。

※税務署整理欄	年分		名簿番号		申告年月日		一連番号		グループ番号		補完	

第11・11の2表の付表1(令2.7)　(資4－20－12－3－1－A4統一)

○この申告書は機械で読み取りますので、…で記入してください。
※の項目は記入する必要がありません。
（令和2年4月分以降用）

手順1
「小規模宅地等の特例」の対象となり得る財産を取得した人全員の氏名を記入します。特例の適用を受けない人の氏名も必ず記入します

手順2
「小規模宅地等の特例」の対象となり得る宅地の明細を記入します

手順3
宅地の明細から、相続税の課税価格に算入する価額を計算します

手順4
この欄の該当箇所に記入することで、取得した小規模宅地が、限度面積要件を満たしているかどうかが判定できます

第11・11の2表の付表1（別表）の書き方

小規模宅地等についての課税価格の計算明細書(別表)

小規模宅地等の特例について申請する書類です。これを提出しないと、特例が受けられません。

小規模宅地等についての課税価格の計算明細書（別表1）

被相続人	国税太郎

第11・11の2表の付表1（別表1）（令和2年4月分以降用）

この計算明細書は、特例の対象として小規模宅地等を選択する一の宅地等（注1）が、次のいずれかに該当する場合に一の宅地等ごとに作成します（注2）。
1 相続又は遺贈により一の宅地等を2人以上の相続人又は受遺者が取得している場合
2 一の宅地等の全部又は一部が、貸家建付地である場合において、貸家建付地の評価額の計算上「賃貸割合」が「1」でない場合
（注）1 一の宅地等とは、一棟の建物又は構築物の敷地をいいます。ただし、マンションなどの区分所有建物の場合には、区分所有された建物の部分に係る敷地をいいます。
2 一の宅地等が、配偶者居住権に基づく敷地利用権又は配偶者居住権の目的となっている建物の敷地の用の供される宅地等である場合には、この計算明細書によらず、第11・11の2表の付表1（別表1の2）を使用してください。

1 一の宅地等の所在地、面積及び評価額

一の宅地等について、宅地等の「所在地」、「面積」及び相続開始の直前における宅地等の利用区分に応じて「面積」及び「評価額」を記入します。
(1) 「①宅地等の面積」欄は、一の宅地等が持分である場合には、持分に応ずる面積を記入し
(2) 上記2に該当する場合には、⑪欄については、⑤欄の面積を基に自用地として評価

手順1

誰かと共有する場合や賃貸の物件に空室がある場合に必要となります

宅地等の所在地	春日部市〇〇〇3丁目5番16号		165 ㎡
	相続開始の直前における宅地等の利用区分		評価額（円）
A	①のうち被相続人等の事業の用に供されていた宅地等（B、C及びDに該当するものを除きます。）		
B	①のうち特定同族会社の事業（貸付事業を除きます。）の用に供されていた宅地等		
C	①のうち被相続人等の貸付事業の用に供されていた宅地等（相続開始の時において継続的に貸付事業の用に供されていると認められる部分の敷地）	④	⑩
D	①のうち被相続人等の貸付事業の用に供されていた宅地等（Cに該当する部分以外の部分の敷地）	⑤	⑪
E	①のうち被相続人等の居住の用に供されていた宅地等	⑥ 165	⑫ 64,350,000
F	①のうちAからEの宅地等に該当しない宅地等	⑦	⑬

2 一の宅地等の取得者ごとの面積及び評価額

上記のAからFまでの宅地等の「面積」及び「評価額」を、宅地等の取得者ごとに記入します。
(1) 「持分割合」欄は、宅地等の取得者が相続又は遺贈により取得した持分割合を記入します。一の宅地等を1人で取得した場合には、「1/1」と記入します。
(2) 「1 持分に応じた宅地等」は、上記のAからFまでに記入した一の宅地等の「面積」及び「評価額」を「持分割合」を用いてあん分して計算した「面積」及び「評価額」を記入します。
(3) 「2 左記の宅地等のうち選択特例対象宅地等」は、「1 持分に応じた宅地等」に記入した「面積」及び「評価額」のうち、特例の対象として選択する部分を記入します。なお、Bの宅地等の場合は、上段に「特定同族会社事業用宅地等」として選択する部分の、下段に「貸付事業用宅地等」として選択する部分の「面積」及び「評価額」をそれぞれ記入します。
「2 左記の宅地等のうち選択特例対象宅地等」に記入した宅地等の「面積」及び「評価額」は、「申告書第11・11の2表の付表1」の「2小規模宅地等の明細」の「③取得者の持分に応ずる宅地等の面積」欄及び「④取得者の持分に応ずる宅地等の価額」欄に転記します。
(4) 「3 特例の対象とならない宅地等（1－2）」には、「1 持分に応じた宅地等」のうち「2 左記の宅地等のうち選択特例対象宅地等」欄に記入した以外の宅地等について記入します。この欄に記入した「面積」及び「評価額」は、申告書第11表に転記します。

宅地等の取得者氏名	国税花子	⑭持分割合	1 ／ 2			
	1 持分に応じた宅地等		2 左記の宅地等のうち選択特例対象宅地等		3 特例の対象とならない宅地等（1－2）	
	面積（㎡）	評価額（円）	面積（㎡）	評価額（円）	面積（㎡）	評価額（円）
A	②×⑭	⑧×⑭				
B	③×⑭	⑨×⑭				
C	④×⑭	⑩×⑭				
D	⑤×⑭	⑪×⑭				
E	⑥×⑭ 82.5	⑫×⑭ 32,175,000	82.5	32,175,000		
F	⑦×⑭	⑬×⑭				

宅地等の取得者氏名	国税一郎	⑮持分割合	1 ／ 2			
	1 持分に応じた宅地等		2 左記の宅地等のうち選択特例対象宅地等		3 特例の対象とならない宅地等（1－2）	
	面積（㎡）	評価額（円）	面積（㎡）	評価額（円）	面積（㎡）	評価額（円）
A	②×⑮	⑧×⑮				
B	③×⑮	⑨×⑮				
C	④×⑮	⑩×⑮				
D	⑤×⑮	⑪×⑮				
E	⑥×⑮ 82.5	⑫×⑮ 32,175,000	82.5	32,175,000		
F	⑦×⑮	⑬×⑮				

第11・11の2表の付表1（別表1）（令2.7）　（資4－20－12－3－5－A4統一）

第13表　債務及び葬式費用の明細書

故人の債務と、葬式に要した費用を記載する書類です。

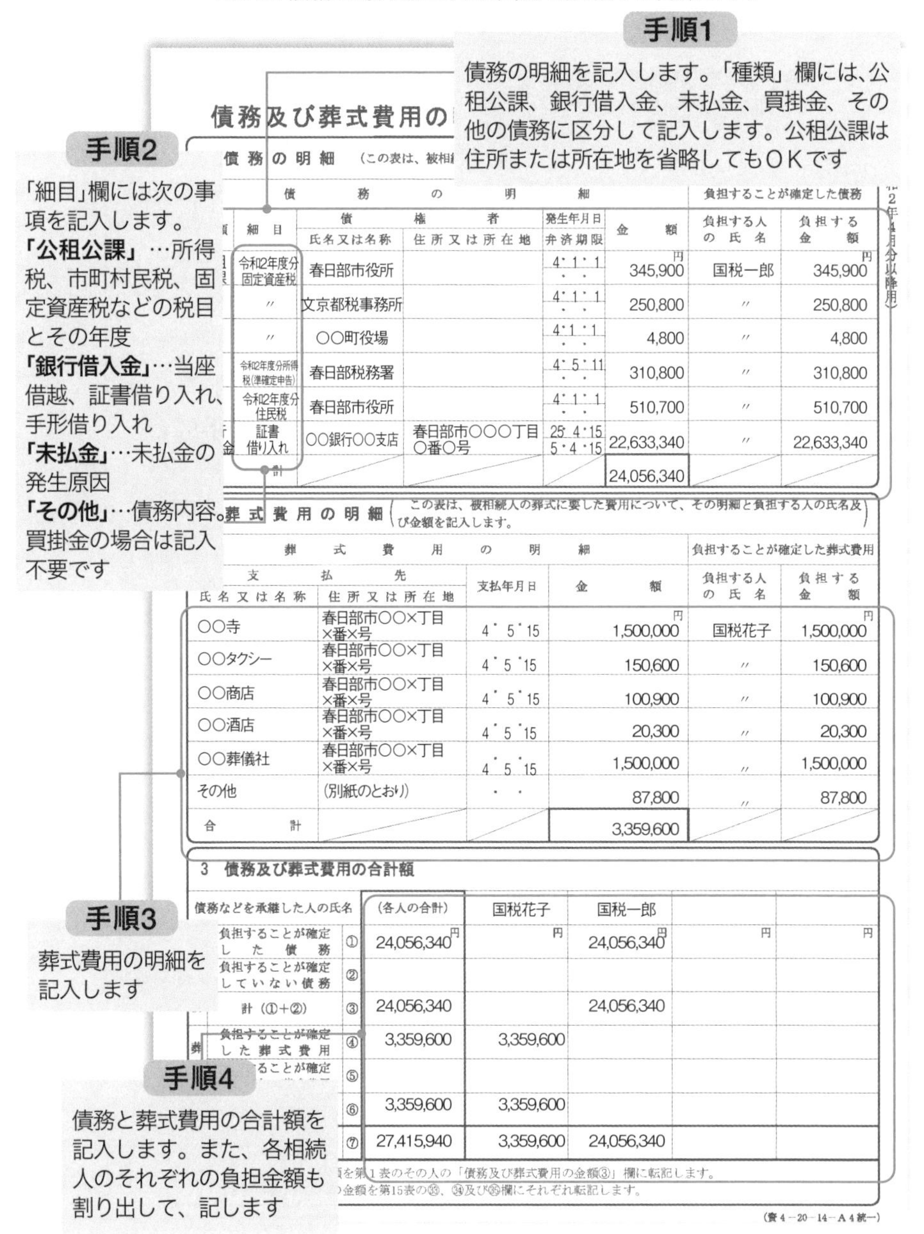

手順1

債務の明細を記入します。「種類」欄には、公租公課、銀行借入金、未払金、買掛金、その他の債務に区分して記入します。公租公課は住所または所在地を省略してもOKです

手順2

「細目」欄には次の事項を記入します。
「公租公課」…所得税、市町村民税、固定資産税などの税目とその年度
「銀行借入金」…当座借越、証書借り入れ、手形借り入れ
「未払金」…未払金の発生原因
「その他」…債務内容。買掛金の場合は記入不要です

手順3

葬式費用の明細を記入します

手順4

債務と葬式費用の合計額を記入します。また、各相続人のそれぞれの負担金額も割り出して、記します

債務及び葬式費用の

債務の明細　（この表は、被相

細目	債権者 氏名又は名称	債権者 住所又は所在地	発生年月日 / 弁済期限	金額	負担することが確定した債務 負担する人の氏名	負担することが確定した債務 負担する金額
令和2年度分固定資産税	春日部市役所		4・1・1 / ・・	円 345,900	国税一郎	円 345,900
〃	文京都税事務所		4・1・1 / ・・	250,800	〃	250,800
〃	○○町役場		4・1・1 / ・・	4,800	〃	4,800
令和2年度分所得税(準確定申告)	春日部税務署		4・5・11 / ・・	310,800	〃	310,800
令和2年度分住民税	春日部市役所		4・1・1 / ・・	510,700	〃	510,700
証書借り入れ	○○銀行○○支店	春日部市○○○丁目○番○号	25・4・15 / 5・4・15	22,633,340	〃	22,633,340
計				24,056,340		

葬式費用の明細　（この表は、被相続人の葬式に要した費用について、その明細と負担する人の氏名及び金額を記入します。）

支払先 氏名又は名称	支払先 住所又は所在地	支払年月日	金額	負担することが確定した葬式費用 負担する人の氏名	負担することが確定した葬式費用 負担する金額
○○寺	春日部市○○×丁目×番×号	4・5・15	円 1,500,000	国税花子	円 1,500,000
○○タクシー	春日部市○○×丁目×番×号	4・5・15	150,600	〃	150,600
○○商店	春日部市○○×丁目×番×号	4・5・15	100,900	〃	100,900
○○酒店	春日部市○○×丁目×番×号	4・5・15	20,300	〃	20,300
○○葬儀社	春日部市○○×丁目×番×号	4・5・15	1,500,000	〃	1,500,000
その他	(別紙のとおり)	・・	87,800	〃	87,800
合計			3,359,600		

3　債務及び葬式費用の合計額

債務などを承継した人の氏名		(各人の合計)	国税花子	国税一郎		
負担することが確定した債務	①	24,056,340円	円	24,056,340円	円	円
負担することが確定していない債務	②					
計（①+②）	③	24,056,340		24,056,340		
負担することが確定した葬式費用	④	3,359,600	3,359,600			
…ることが確定…	⑤					
	⑥	3,359,600	3,359,600			
	⑦	27,415,940	3,359,600	24,056,340		

…額を第1表のその人の「債務及び葬式費用の金額③」欄に転記します。
…の金額を第15表の㉝、㉞及び㉟欄にそれぞれ転記します。

（資4－20－14－A4統一）

第14表 純資産価格に加算される暦年課税分の贈与財産価格及び特定贈与財産額の明細書

相続開始前3年以内に贈与があった場合に記載する書類です。

純資産価額に加算される暦年課税分の贈与財産価額及び特定贈与財産価額
出資持分の定めのない法人などに遺贈した財産
特定の公益法人などに寄附した相続財産・
特定公益信託のために支出した相続財産
の明細書

第14表（令和2年4月分以降用）

被相続人	国税太郎

1 純資産価額に加算される暦年課税分の贈与財産価額及び特定贈与財産価額の明細

この表は、相続、遺贈や相続時精算課税に係る贈与によって財産を取得した人(注)が、その相続開始前3年以内に被相続人から暦年課税に係る贈与によって取得した財産がある場合に記入します。

(注) 被相続人から租税特別措置法第70条の2の2（直系尊属から教育資金の一括贈与を受けた場合の贈与税の非課税）第10項第2号に規定する管理残額及び同法第70条の2の3（直系尊属から結婚・子育て資金の一括贈与を受けた場合の贈与税の非課税）第10項第2号に規定する管理残額以外の財産を取得しなかった人（その人が被相続人から相続時精算課税に係る贈与によって財産を取得している場合を除きます。）は除きます。

番号	贈与を受けた人の氏名	贈与年月日	相続開始前3年以内に暦年課税に係る贈与を受けた財産の明細					② ①の価額のうち特定贈与財産の価額	③ 相続税の課税価格に加算される価額（①−②）
			種類	細目	所在場所等	数量	①価額		
1	国税花子	4・1・10	土地	宅地	春日部市○○○ 3丁目5番16号		円 19,500,000	円 19,500,000	円
2	〃	2・6・3	現金 預貯金	現金	〃		1,000,000		1,000,000
3	税務幸子	元・10・2	〃	〃	〃		2,000,000		2,000,000
4		・・							

贈与を受けた人ごとの③欄の合計額	氏名	（各人の合計）		
	④金額	円 3,000,000	円 1,000,000	円 2,000,000

手順1
相続が開始される3年前まで遡って被相続人から歴年課税贈与で取得した財産があれば記載します

上記「②」欄において、相続開始の年に被相続人から贈与によって取得した居住…を特定贈与財産としている場合には、次の事項について、「（受贈配偶者）」及び…の記入をすることにより確認します。

（受贈配偶者）
私 国税花子 は、相続開始の年に被相続人から贈与によって取得した上記 1 の特定贈与財産の価額については贈与税の課税価格に算入します。
なお、私は、相続開始の年の前年以前に被相続人からの贈与について相続税法第21条の6第1項の規定の適用を受けていません。

(注) ④欄の金額を第1表のその人の「純資産価額に加算される暦年課税分の贈与財産価額⑤」欄及び第15表の㊵欄にそれぞれ転記します。

2 出資持分の定めのない法人などに遺贈した財産の明細

この表は、被相続人が人格のない社団又は財団や学校法人、社会福祉法人、宗教法人などの出資持分の定めのない法人に遺贈した財産のうち、相続税がかからないものの明細を記入します。

遺贈した財産の明細					出資持分の定めのない法人などの所在地、名称
種類	細目	所在場所等	数量	価額	
				円	
		合計			

3 特定の公益法人などに寄附した相続財産又は特定公益信託のために支出した相続財産の明細

私は、下記に掲げる相続財産を、相続税の申告期限までに、

⑴ 国、地方公共団体又は租税特別措置法施行令第40条の3に規定する法人に対して寄附をしましたので、租税特別措置法第70条第1項の規定の適用を受けます。

⑵ 租税特別措置法施行令第40条の4第3項の要件に該当する特定公益信託の信託財産とするために支出しましたので、租税特別措置法第70条第3項の規定の適用を受けます。

⑶ 特定非営利活動促進法第2条第3項に規定する認定特定非営利活動法人に対して寄附をしましたので、租税特別措置法第70条第10項の規定の適用を受けます。

寄附（支出）年月日	寄附（支出）した財産の明細					公益法人等の所在地・名称（公益信託の受託者及び名称）	寄附（支出）をした相続人等の氏名
	種類	細目	所在場所等	数量	価額		
4.10.5	現金 預貯金	現金	春日部市○○○ 3丁目5番16号		2,000,000円	日本赤十字社	国税花子
・・					2,000,000		
			合計				

(注) この特例の適用を受ける場合には、期限内申告書に一定の受領書、証明書類等の添付が必要です。

第14表（令2.7） （資4−20−15−A4統一）

第15表　相続財産の種類別価格表

相続を取得した人ごとに
第11～14表に基づき記入します。

手順1

1～6、9～28の欄は、第11表「相続税がかかる財産の明細書」に記入した価額を記入します

手順2

左枠には全相続人の合計額を、右枠には各相続人の相続財産を記していきます

手順3

㉛の「相続時精算課税適用財産の価額」は、第11の2表の⑦欄を記入します

手順4

債務や葬式費用などは第13表を参考に記入します

手順5

課税価格を割り出します

相続財産の種類別価額表　（この表は、第11表から第14表までの記載に基づいて記入します。）

（単位は円）

種類・細目	番号	被相続人 国税太郎 各人の合計	（氏名）国税花子
整理番号		被相続人	
	①		
	②		
…地	③	12968100	100696000
…林	④	3617100	
…地	⑤		
	⑥	133298100	100696000
⑥のうち配偶者居住権に基づく敷地利用権	⑦		
⑥のうち特例農地等 通常価額	⑧		
⑥のうち特例農地等 農業投資価格による価額	⑨		
家屋等	⑩	24275950	12231050
⑩のうち配偶者居住権	⑪		
事業（農業）用財産 機械、器具、農耕具、その他の減価償却資産	⑫		
事業（農業）用財産 商品、製品、半製品、原材料、農産物等	⑬		
事業（農業）用財産 売掛金	⑭		
事業（農業）用財産 その他の財産	⑮		
事業（農業）用財産 計	⑯		
有価証券 特定同族会社の株式及び出資 配当還元方式によったもの	⑰	50000	50000
有価証券 特定同族会社の株式及び出資 その他の方式によったもの	⑱	69000000	69000000
有価証券 ⑰及び⑱以外の株式及び出資	⑲	31085000	7830000
有価証券 公債及び社債	⑳	6590700	
有価証券 証券投資信託、貸付信託の受益証券	㉑	6902700	
	㉒	113628400	76880000
…等	㉓	99463343	26588600
…産	㉔	2500000	2500000
…等	㉕	60397608	
…等	㉖	30000000	300…
…木	㉗	2578050	
…他	㉘	32250700	77…
計	㉙	125226358	377…
合計（⑥＋⑩＋⑯＋㉒＋㉓＋㉔＋㉙）	㉚	498392151	2566…
相続時精算課税適用財産の価額	㉛	24626035	
不動産等の価額（⑥＋⑩＋⑫＋⑰＋⑱＋㉗）	㉜	229202100	181977050
債務等 債務	㉝	24056340	
債務等 葬式費用	㉞	3359600	3359600
債務等 合計（㉝＋㉞）	㉟	27415940	3359600
差引純資産価額（㉚＋㉛－㉟）（赤字のときは0）	㊱	495602245	253286750
…加算される…価額	㊲	3000000	1000000
…㊲）…て）	㊳	498600000	254286000

※の項目は記入する必要があ…

…取りますので、黒ボールペンで記入してください。

…表（令和2年4月分以降用）

…年分　名簿番号　申告年月日　グループ番号

（資4－20－16－1－A4統一）

遺産分割協議書の作成例

銀行口座の凍結解除などで必要になります。

２．無法松　九（昭和４７年１２月１５日生）は、次の相続財産を取得する。

（１）有価証券
① 関門株式会社　株　式　６，６００株
② 配当期待権（関門株式会社）　６，６００株

（２）預貯金
① 小倉祇園銀行　小倉支店　普通預金　口座番号 666666
② 戸畑山笠銀行　戸畑支店　普通預金　口座番号 777777
③ 小倉祇園銀行　門司支店　定期預金　口座番号 888888

３．若松　州子（昭和５０年７月５日生）は、次の相続財産を取得する。

（１）預貯金
① めかり銀行　門司支店　普通預金　口座番号 423212

４．本協議書に記載のない遺産及び後日発見された遺産については、無法松北子が取得する。

以上のとおり遺産分割協議が成立したので、これを証するため、この証書を作成し、各自署名押印するものである。

令和　年　月　日

（住 所）北九州市小倉北区…

（氏 名）無法松北子

（住 所）北九州市門司区…

（氏 名）無法松九

（住 所）北九州市八幡西区…

（氏 名）若松州子

手順3
財産を箇条書きにして、各相続人が何をどれだけ相続するか、はっきりさせます

手順4
相続人全員が自筆で署名、押印（実印）します。また、作成した日付が必要です

手順1

本籍地・最後の住所・氏名など、故人を特定します

手順2

和暦が一般的です

遺 産 分 割 協 議 書

本　　籍　　北九州市小倉北区…
最後の住所　北九州市小倉北区…
被相続人　無法松　太郎

令和５　年３月１日上記被相続人が死亡したことにより開始した相続について、共同相続人の全員において、被相続人の相続財産につき次のとおり遺産分割の協議をして合意に至った。

１．無法松　北子（昭和２３年８月１３日生）は、次の相続財産を取得する。

（１）土　地
　①　北九州市小倉北区…　　１１１番２２　　の土地
　②　北九州市小倉北区…　　２２２番３３　　の土地
　③　北九州市門司区…　　３３３番４４　　の土地

（２）建　物
　①　北九州市小倉北区…　　１１１番地２２
　　家屋番号　１１１番２２　　の建物
　②　北九州市小倉北区…　　２２２番地３３
　　家屋番号　２２２番３３　　の建物
　③　北九州市門司区…
　　用途：簡易附属家　構造：木造　亜鉛メッキ　１階建
　　調査番号　レトロ町一丁目　１－４　の未登記建物

（３）現 金
　　金１２，０００，０００円

（４）有価証券
　①　株式　スペースワールド株式会社　2,000 株
　　（取扱店　向日葵証券株式会社　北九州支店　口座番号　11111）
　②　投信　ヒラオ・ダイ・ファンド　8,222,333 口
　　（取扱店　向日葵証券株式会社　北九州支店　コード　777777）

（５）家庭用財産
　①　北九州市小倉北区…にある家具等一式
　②　電話加入権　０９３－５５５－７７７７

（６）その他の財産
　①　介護保険料　北九州市
　②　所得税還付金　小倉税務署
　③　高額療養費　全国健康保険協会
　④　自動車　ヤハタモーター　クロサキ　北九州　３３３　そ　５５５５５
　　車体番号　ＮＳＰ３３３－６６６６６６６

本書は、小社より刊行した『新版　身内が亡くなったあとの「手続」と「相続」』を加筆、改筆したものです。

改訂新版
身内が亡くなったあとの「手続」と「相続」

監　修――岡　信太郎（おか・しんたろう）
本村健一郎（もとむら・けんいちろう）
岡本圭史（おかもと・けいし）

発行者――押鐘太陽

発行所――株式会社三笠書房
〒102-0072 東京都千代田区飯田橋3-3-1
電話：(03)5226-5734（営業部）
：(03)5226-5731（編集部）
https://www.mikasashobo.co.jp

印　刷――誠宏印刷

製　本――若林製本工場

ISBN978-4-8379-2950-5 C0030

T30387